apéros

(presque) zéro déchet

Éditions First, un département d'Édi8
92, avenue de France
75013 Paris
Email : firstinfo@efirst.com
Site Internet : www.editions.first.fr

ISBN : 978-2-412-05613-4
Dépôt légal : mars 2020
Imprimé en Espagne

Conception graphique et illustrations : Festin Nu - Maylïs Huby
Mise en page : Transparence
Photographies : Fabien Breuil
Stylisme : Lene Knudsen
Préparation de copie : Ségolène Estrangin
Correction : La Machine à mots

Lene Knudsen
Photographies de Fabien Breuil

apéros

(presque) zéro déchet

70 recettes pour tout valoriser

FIRST
ÉDITIONS

Félicitations ! Si vous lisez ces lignes, cela veut dire que la démarche zéro déchet vous intéresse et qu'elle a su trouver son chemin vers votre cuisine pour le prochain apéro !
Qu'est-ce qui pourrait être mieux que de partager un apéro (presque) zéro déchet avec ses proches et préparer ensemble des recettes pour utiliser tout le produit quand c'est possible ?

Le zéro déchet n'est pas une triste affaire, c'est tout le contraire, et le pari de ce livre est de montrer qu'avec de bonnes techniques et une ouverture d'esprit, le (presque) zéro déchet arrive joyeusement aux tables d'apéros !

Cuisiner le zéro déchet entre amis permet de repenser notre manière de manger et d'échanger des recettes simples pleines de goûts et offre une véritable nouvelle source d'inspiration pour les parties malaimées : fanes, épluchures, botte de tiges aromatiques, les racines dures et les parties de légumes fatiguées et oubliées.
Le moment est venu où personne n'osera écarter ces humbles trésors !

Le pari est de cuisiner et de valoriser tout sur le produit dès que ce sera possible,
En bonus, de nouvelles saveurs apparaîtront, parfois plus amères ou plus fortes, mais, associés à des ingrédients clés, elles peuvent être mises en avant et devenir une force pour le plat. Il serait même dommage de s'en priver ! Véritable élixir de jeunesse caché, les peaux de légumes et d'épluchures renferment plus de vitamines, minéraux et antioxydant que la chair elle-même.

Bonne découverte vers un nouveau continent culinaire !

Sommaire

Qu'est-ce qu'on mange ?

Aliments et parties des aliments non comestibles ou toxiques

- Pédoncules de tomate et d'aubergine (contiennent de la solanine).
- Feuilles de rhubarbe et la peau des tiges de rhubarbe (contiennent de l'acide oxalique). Ne jamais manger la rhubarbe crue. Les feuilles peuvent être bouillies, puis verser sur les plantes pour lutter contre les pucerons.
- Pépins de pomme et noyaux de poire, d'abricot, d'amande, de pêche, de prune, de cerise (contiennent de l'acide amygdaline, soit du cyanure).
- Pommes de terre vertes (contiennent des glycoalcaloïdes, très irritants).
- Haricots verts crus (contiennent une toxine phasine).
- Champignons crus (sauf champignons de Paris).

Aliments allergisants

- Feuilles de panais, de persil et de carotte (peuvent provoquer des réactions allergiques et des risques de phytophotodermatose).
- Peau du melon (peut être extrêmement allergisante).

Comment utiliser ce livre ?

Temps de préparation, de cuisson et de repos

Les saisons de la recette

Les ustensiles nécessaires

Les ingrédients

La recette

Les saisons

printemps | été | automne | hiver

Les ustensiles

épluche-légumes | éplucheur à julienne | blender | râpe

mandoline | fouet | passoire | spiralizer

Les gestes du zéro déchet

Du vinaigre blanc qui sent bon

Le vinaigre aromatisé est très utile pour faire son ménage. Mais l'odeur est souvent incommodante... Pourquoi ne pas utiliser des déchets de cuisine pour l'aromatiser ? Laisser macérer une quinzaine de jours des zestes d'agrumes, des tiges d'aromatiques ou des feuilles séchées, avant de filtrer et de mettre dans une bouteille en verre.

Le vrac

Profiter les nombreuses épiceries spécialisées dans le vrac ! Aujourd'hui, elles se trouvent aux cœurs des supermarchés. Les atouts sont nombreux : la vente des produits à la pesée pour mieux contrôler sa consommation, transparence de l'origine et surtout le non emballage qui va avec !

Réutiliser les bocaux en verre (cornichons, olives, confitures etc.)

Les pots en verre sont très utiles et recommandées pour remplacer le plastique ! On les réutilise pour la confiture, la farine, le sel, les vinaigrettes au frigo, stocker des légumineuses et d'autres aliments secs.

Cuisson économique

La cuisson avec un couvercle raccourcit le temps de cuisson et permet de cuisiner au feu doux avec le même résultat. Couper le feu au moment de l'ébullition en mettant le couvercle pendant les dernières minutes pour les pâtes, le riz, les œufs, les légumes poêlés, etc.

Les trésors cachés au fond du placard

Qui n'a pas au moins cinq sachets de légumineuses qui trainent dans un placard avec juste un fond de pâtes, de riz, de lentilles ou de pois chiches ? Que faire ? les jeter ? Non ! Cuire tous les restes, les mixer et faire des boulettes et galettes végétales avec !

Le compost

Le compost permet de se débarrasser de nos déchets tout en donnant vie à un engrais naturel, le humus.

Compostables

- Coquilles d'œuf
- Épluchures et restes de légumes abîmés ou moisis
- Épluchures de fruits moisis
- Thé en vrac
- Marc de café
- Peaux d'oignon
- Pain rassis
- Noix
- Feuilles, branches et herbes du jardin ou du balcon
- Cendres de bois (en petite quantité)
- Écorces des arbres
- Gazon séché

À éviter

- Viandes / Poissons / Os
- Coquilles de fruits de mer
- Cendres de charbon

Astuce : prélever les suprêmes d'un agrume

Couper avec un couteau le haut et le bas du fruit comme un chapeau. Découper la peau en incluant la membrane blanche tout autour de l'agrume. Inciser chaque segment du fruit en suivant la ligne dessinée par la membrane et en ne prélevant que la chair de chaque quartier.

les chips & les feuilletés

Chips de légumes
& épluchures de légumes variés

30 min 1-2 min

Les ingrédients

1 betterave rincée bio
1/2 panais rincé bio
1/2 patate douce rincée bio
500 ml d'huile de tournesol (pour la friture)
Fleur de sel

À l'aide d'une mandoline, couper très finement les légumes. Les sécher avec un torchon puis les mettre dans un grand bol. Verser l'huile dans une casserole à fond épais et chauffer jusqu'à 180°C. Plonger les juliennes de légumes dans la friture 1 à 2 minutes en les remuant. Parsemer de sel dès la sortie de la friture et déguster immédiatement pour en apprécier le côté croustillant.

SAISON :

MATÉRIEL NÉCESSAIRE :

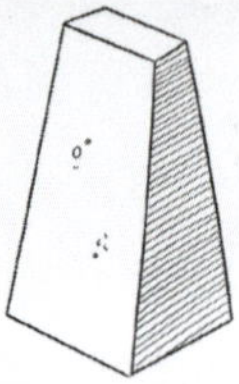

Tuiles parmesan
& aneth

16 tuiles | 10 min | 4-5 min

Les ingrédients

80 g de parmesan râpé
(dont la croûte)
16 brins d'aneth

Sur une plaque allant au four couverte de papier de cuisson, déposer 1 c. à soupe de parmesan râpé et parsemer d'aneth. Recommencer jusqu'à épuisement des ingrédients, chaque petit tas devant être suffisamment espacé des autres. Enfourner 4 à 5 minutes à 200°C jusqu'à ce que les tuiles soient légèrement dorées et croustillantes. Laisser refroidir et déguster rapidement.

MATÉRIEL NÉCESSAIRE :

Beignets de brocoli

20-25 petits bouquets · 15 min · 10 min

Les ingrédients

1 petit brocoli
80 g de panko
(chapelure japonaise)

Couper le brocoli en bouquets et la racine en fines tranches de 0,5 à 1 cm d'épaisseur. Cuire le tout pendant 5 à 7 min dans de l'eau bouillante. Égoutter. Préparer la pâte à beignets : dans un grand bol, verser la farine, la levure chimique, le sel et le piment. Mélanger avec un fouet puis verser petit à petit l'eau froide jusqu'à ce que la pâte soit épaisse et homogène. Laisser reposer pendant 10 minutes. Enrober légèrement les morceaux de brocoli de pâte puis de panko. Verser l'huile dans une casserole à fond épais et chauffer jusqu'à 180°C. Bien tapoter l'excédent de la pâte vers le bord avant de déposer les brocolis dans la friture. Frire 1 à 2 minutes chaque beignet. Les poser sur une assiette avec du papier absorbant.
À déguster immédiatement avec la sauce tropicale.

Pâte à beignets

100 g de farine
10 g de levure chimique
1/4 de c. à café de poudre de piment d'Espelette
120 ml d'eau très froide
400 ml d'huile de tournesol (pour la friture)
Sel

SAISON :

MATÉRIEL NÉCESSAIRE :

Sauce tropicale

Le jus de 1/2 citron vert
100 g de mangue pelée et coupée en morceaux
1 c. à café de gingembre épluché et râpé finement
1 c. à café de sucre (ou de sirop d'agave ou de miel d'acacia)
1/4 de c. à café de piment en poudre

Mélanger tous les ingrédients de la sauce dans un petit bol.

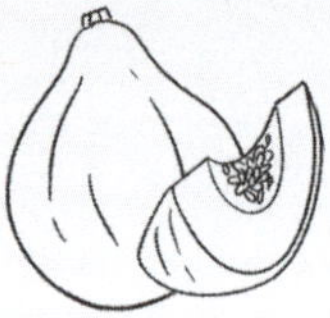

Tuiles
aux courges

20 tuiles | 10 min | 55 min

Les ingrédients

130 g de potiron avec la peau
Huile d'olive
3 blancs d'œufs
60 g de beurre fondu
3,5 c. à soupe de farine
3,5 c. à soupe d'amandes en poudre
1/2 c. à café de piment d'Espelette en poudre
1/2 c. à café de sel
1 pincée de noix de muscade
2 c. à soupe de graines de courge verte grillées
2 c. à soupe de graines de courge blanche grillées
Sel et poivre

Placer le morceau de potiron sur une plaque allant au four couverte de papier de cuisson. L'arroser d'un filet d'huile d'olive.
Saler et poivrer. Enfourner 40 minutes à 180°C.
À la sortie du four, l'écraser avec une fourchette. Réserver.
Dans un grand bol, mélanger les blancs d'œufs avec le beurre fondu à l'aide d'un fouet. Ajouter la purée de potiron, les farines et les épices. Mélanger de nouveau jusqu'à obtenir une pâte légère et homogène.

Sur une plaque allant au four couverte de papier de cuisson, étaler finement un peu de pâte pour former des tuiles. Les parsemer de quelques graines de courge. Enfourner 13-14 minutes à 180°C.
Sortir les tuiles et les transférer immédiatement sur un petit rouleau de pâtisserie, ou une petite bouteille, pour leur donner une forme courbée.
À manger rapidement le même jour pour en apprécier le côté croustillant.

SAISON :

MATÉRIEL NÉCESSAIRE :

Cuir de lin
& betterave

1 plaque entière — 15 min — 2 h 30 — 1 h 30

Les ingrédients

120 g de graines de lin
120 g de betterave entière
4 tomates semi-séchées marinées et coupées finement (bocal dans le commerce)
1/4 d'oignon émincé
1,5 c. à soupe de pâte de miso
1/2 c. à soupe de graines de pavot (facultative)
1 c. à soupe de graines de sésame
1/2 c. à café de sel

Laisser tremper 1 heure les graines de lin dans un très grand bol avec au moins deux fois le volume en eau chaude. Les graines vont devenir visqueuses et absorber l'eau. Râper la betterave puis la verser dans un mixeur avec les tomates séchées, l'oignon, la pâte miso, le sel et mixer jusqu'à obtenir une masse homogène. Ajouter les graines de lin, le pavot et le sésame et mixer à nouveau. Déposer la masse sur une plaque allant au four couverte de papier de cuisson et étaler à l'aide d'une spatule en une mince couche d'environ 3 mm d'épaisseur. Faire cuire au four 2 h 30 jusqu'à ce que le cuir de lin soit complètement sec et croustillant. Laisser au four éteint 30 minutes pour qu'il refroidisse complètement. Le couper en triangle et verser dans un bol accompagné de sauce.

Sauce à tremper

1 c. à soupe de sauce soja
1 c. à soupe d'huile de sésame
1 c. à café de jus de citron vert

Mélanger tous les ingrédients dans un petit bol puis verser dans une petite coupelle.

SAISON :

MATÉRIEL NÉCESSAIRE :

Rondelles de pomme
& poire séchées

40 fines tranches | 10 min | 3 h

Les ingrédients

50 ml d'eau
Le jus de 1/2 citron
1 grosse pomme
1 poire
1 c. à café de cannelle en poudre
1 pincée de sucre de canne

Dans un grand bol, mélanger l'eau et le jus de citron. À l'aide d'une mandoline, découper la pomme et la poire en fines rondelles. Les tremper dans le bol puis les sécher. Déposer les rondelles de fruits sur une plaque allant au four couverte de papier de cuisson et enfourner 3 heures à 75 °C jusqu'à ce qu'elles soient sèches. Elles vont durcir à la sortie du four. Ouvrir la porte du four de temps à autre pour évacuer l'humidité. Attention, les fruits rétrécissent beaucoup : ne pas hésiter à mettre plusieurs plaques de rondelles de pomme et de poire dans le four. À leur sortie du four, saupoudrer une pincée de cannelle en poudre sur les tranches, alternativement avec du sucre.

SAISONS :

Tempura
aux herbes aromatiques

45 tempuras 15 min 1-2 min

Les ingrédients

12 brins d'aneth
12 brins de persil plat
20 feuilles de sauge fraîches
50 g de farine
2 œufs
100 g de panko (chapelure japonaise)
400 ml d'huile de tournesol
pour la friture

Rincer et sécher les herbes aromatiques.
Dans un bol, les enrober de farine.
Dans un autre bol, battre les œufs et tremper les feuilles de sauge et des brins de persil et d'aneth. Enfin, dans un troisième bol, les enrober avec la chapelure panko.
Verser l'huile dans une casserole à fond épais et chauffer jusqu'à 180°C. Plonger les tempuras dans la friture 1 à 2 minutes.
À déguster immédiatement !

MATÉRIEL NÉCESSAIRE :

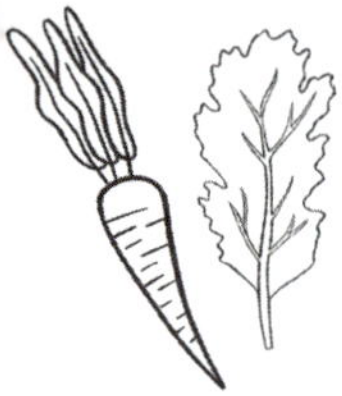

Tempura
de carottes & kale

15 min 6 min

La sauce

40 g d'ananas
Le jus de 1 citron vert
1/2 gousse d'ail écrasée
10 brins de coriandre
4 g de gingembre râpé
1/2 c. à café de nuoc-mâm
1 pincée de piment

Dans un robot, mixer tous les ingrédients de la sauce. Réserver au frais.
Dans une casserole remplie d'eau, faire bouillir les carottes pendant 6 minutes. Les égoutter puis les enrober de farine dans une assiette creuse.

Les tempuras

2 œufs
15 petites carottes
50 g de farine
Panko (chapelure japonaise)
2 petites feuilles
et tiges de chou kale
400 ml d'huile de tournesol
(pour la friture)

Cuire 5 minutes les carottes dans de l'eau bouillante. Dans un bol, battre les œufs et tremper les carottes. Dans un autre bol, les enrober de panko. Répéter l'opération pour le kale, mais sans le cuire.
Dans une casserole à fond épais, chauffer l'huile jusqu'à 180°C et y plonger les feuilles de kale et les carottes pendant 1 minute. Réserver sur du papier absorbant.
À déguster immédiatement avec la sauce.

SAISON :

MATÉRIEL NÉCESSAIRE :

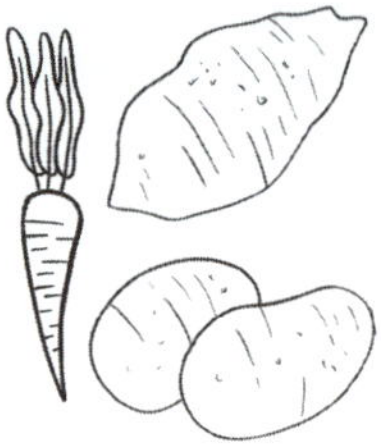

Chips d'épluchures
& de légumes variés

1 grand bol | 20 min | 1 min

Les tempuras

1 grosse pomme de terre rincée bio non traitée
1/2 patate douce rincée bio non traitée
1 panais rincé bio non traité
1 carotte jaune ou pourpre rincée bio non traitée
1 bol de farine (environ 50 g)
1 gros œuf battu
80 g de panko (chapelure japonaise)
500 ml d'huile de tournesol
Sel

Éplucher les légumes côté longueur avec une mandoline ou un éplucheur large.
Les sécher rapidement.
Les enrober de farine dans une assiette creuse.
Dans un autre bol rempli de l'œuf battu, tremper les épluchures et tranches de légumes puis dans un troisième bol les enrober avec le panko.
Verser l'huile dans une casserole à fond épais et chauffer jusqu'à 180 °C.
Plonger les tempuras dans la friture, pas plus de 5 à la fois.
À l'aide d'une écumoire, faire tourner les tempuras puis les sortir après environ 1 minute sur une assiette avec du papier absorbant.
Continuer jusqu'à ce qu'il n'y ait plus de tranches.
À manger immédiatement pour en apprécier le côté croustillant.

SAISON :

MATÉRIEL NÉCESSAIRE :

ASTUCE

Parsemer les tempuras d'herbes aromatiques hachées pour ajouter un peu de fraîcheur !

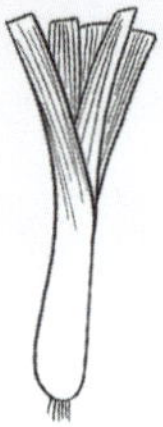

Empanadas
aux poireaux

8 empanadas de 9 cm | 25 min | 17-19 min

Empanadas

120 g filet de poisson blanc (cabillaud ou autre) pauvre en arêtes
1 filet d'huile d'olive
3 c. à soupe d'huile de sésame
150 g de poireaux le côté vert coupé en fines lamelles
1/4 oignon jaune coupé en petits dés
1 c. à soupe de gingembre râpé
1/2-1 c. à café de piment doux
8 brins de persil plat coupés grossièrement
1 c. à soupe de jus de citron vert
1 pâte brisée
1 œuf battu pour la dorure
Sel et poivre

Faire cuire le filet de poisson dans un plat allant au four avec un filet d'huile d'olive, du sel et du poivre. Enfourner 8 à 11 minutes à 190°C. Réserver.
Dans une poêle à feu doux, verser un filet d'huile de sésame, les émincés de poireaux, l'oignon, le gingembre râpé, le piment et laisser mijoter à feu doux. Ajouter éventuellement un peu d'eau en cours de cuisson. Une fois que c'est fondant, ajouter le persil et le jus de citron vert. Saler et poivrer. Sortir du feu.
Dérouler la pâte brisée sur une plaque allant au four couverte de papier de cuisson. Couper 8 cercles. Sur une moitié de chaque cercle, verser une grosse cuillerée de farce et quelques grosses miettes de poisson. Poivrer. Mouiller le bord avec un doigt, replier puis souder avec les dents d'une fourchette. À l'aide d'un pinceau, dorer les empanadas avec l'œuf battu. Enfourner 18 à 20 minutes à 200°C. Servir chaud avec la sauce chimichurri.

SAISON :

MATÉRIEL NÉCESSAIRE :

Sauce chimichurri

4 c. à soupe de persil haché
4 c. à soupe de coriandre hachée
1 gousse d'ail écrasée
1,5 c. à soupe d'huile d'olive
1/2-1 c. à café de piment chipotle en poudre
1 c. à soupe de miel
2 c. à soupe de jus de citron vert
1 c. à soupe d'origan séché
1 c. à soupe de vinaigre de xérès
1 c. à soupe de jus d'une orange pressée
Sel et poivre

Verser tous les ingrédients dans un blender. Bien mixer. Mettre la sauce dans un petit bol.

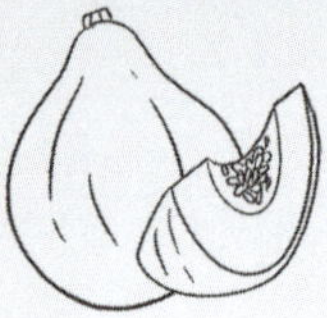

Tartelettes
de potimarron

16 pièces | 25 min | 40 min

Les ingrédients

400 g de potimarron découpé en tranches
Huile d'olive
1 pâte feuilletée
1 burrata
60 g de graines de potimarron
12 tomates cerises coupées en quarts
2 c. à soupe de ciboulette émincée
Sel et poivre

Potimarron rôti

Sur une plaque allant au four couverte de papier de cuisson, déposer les morceaux de potimarron (environ 3 cm d'épaisseur) rincés et séchés. Arroser d'un filet d'huile d'olive. Saler et poivrer. Enfourner 35 minutes à 200°C jusqu'à ce que les morceaux de potimarron soient bien cuits et légèrement dorés. Laisser refroidir puis couper une tranche en 3 morceaux.
Dérouler la pâte feuilletée et, à l'aide d'un emporte-pièce d'environ 6 cm, détailler de petits cercles.

Les déposer sur une plaque allant au four couverte de papier de cuisson et ajouter 2-3 morceaux de potimarron rôti.
Enfourner 17 à 19 minutes à 190°C jusqu'à ce que les bords des tartelettes brunissent légèrement.
Sortir du four et laisser tiédir 5 minutes. Sur chaque tartelette, ajouter une cuillerée à café de burrata fondant, les graines de potimarron, les tomates et la ciboulette.
Poivrer à nouveau.
Arroser d'un filet d'huile d'olive (facultatif).

SAISON :

RECETTE BONUS !

Graines de potimarron

Préchauffer le four à 170°C. Récupérer les graines de potimarron et enlever les fils de chair. Les mettre dans un plat allant au four couvert de papier de cuisson. Arroser d'un filet d'huile d'olive. Saler et poivrer. Enfourner 15 à 17 minutes jusqu'à ce que les graines soient croustillantes et gonflées. Réserver.

Tartelettes
à la courgette

20 tartelettes · 15 min · 45 min

Les ingrédients

1,5 courgette
1 filet d'huile d'olive
1 pâte brisée
20 g de feta émiettée
Le zeste de 1/4 de citron bio non traité
2 brins de persil plat
Sel et poivre

À l'aide d'une mandoline, couper la courgette en fines tranches. Les poser sur une plaque allant au four couverte de papier de cuisson et arroser d'un filet d'huile d'olive. Saler et poivrer. Mélanger délicatement. Enfourner 25 minutes à 190°C jusqu'à ce que la première couche de courgettes ait une belle couleur dorée.
Étaler la pâte brisée et, à l'aide d'un emporte-pièce, détailler en petits cercles. Les déposer sur une plaque allant au four couverte de papier de cuisson et ajouter 2-3 tranches de courgette rôtie. Saler et poivrer.
Enfourner 17 à 19 minutes à 190°C jusqu'à ce que les bords des tartelettes brunissent légèrement. Sortir du four et laisser tiédir 5 minutes avant de parsemer de feta. Râper le zeste de citron dessus et poser du persil plat.

SAISON :

MATÉRIEL NÉCESSAIRE :

Tarte soleil
à la tapenade de betterave

20 min | 30-35 min | 5 min

Les ingrédients

2 pâtes feuilletées
1 jaune d'œuf pour la dorure
Quelques feuilles de basilic émincées (pour décorer)

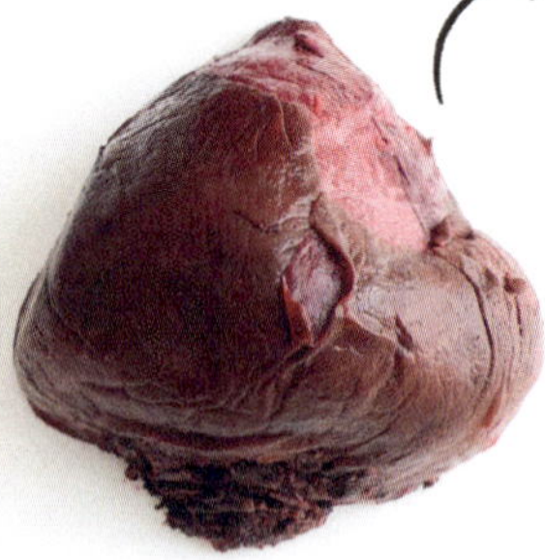

Tapenade

1/2 betterave cuite
15 g d'amandes en poudre
1/2 c. à café de câpres
15 g de parmesan fraîchement râpé
5 brins de basilic
2 c. à soupe de graines de sésame
60 ml d'huile d'olive
Sel et poivre

Dans un blender, mixer finement la betterave. Ajouter les amandes en poudre, les câpres, le parmesan et les feuilles du basilic. Saler et poivrer. Mixer de nouveau. Petit à petit, verser un filet d'huile d'olive, jusqu'à obtenir une tapenade onctueuse.

Étaler une pâte feuilletée sur une plaque allant au four couverte de papier de cuisson. Tartiner une fine couche de tapenade en laissant 1 à 2 cm de bord libre. Recouvrir avec la seconde pâte. Souder en pressant fortement dessus.
Badigeonner la pâte avec un jaune d'œuf mélangé avec un peu d'eau.
Poser un verre au centre de la pâte et découper autour en 16 parts.
Entortiller chaque bande sur elle-même. Parsemer de graines de sésame.
Enfourner 30 à 35 minutes à 190°C.
Servir tiède avec quelques feuilles de basilic.

SAISON :
MATÉRIEL NÉCESSAIRE :

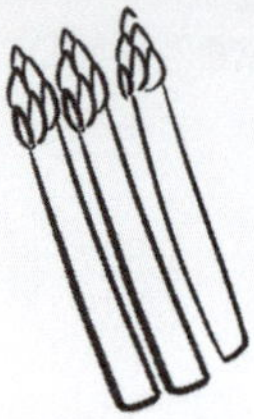

Feuilletés aux asperges
& à la ricotta

30 feuilletés | 10 min | 18-21 min

Les ingrédients

30 g d'échalote
1 oignon
4 g de menthe ciselée
90 g de ricotta
1 pincée de zeste de citron bio non traité
40 g de feta émiettée
15 petites asperges
1 pâte feuilletée
1 jaune d'œuf
Graines de sésame et de pavot
Sel et poivre

Dans un robot, mixer l'échalote, l'oignon, la menthe, la ricotta, le zeste de citron, la feta et une pincée de poivre jusqu'à obtenir un mélange homogène.
Dans une casserole remplie d'eau bouillante, faire cuire les asperges 4 minutes. Égoutter, laisser refroidir et les couper en morceaux de 11 cm de longueur en gardant la tête intacte.
Étaler la pâte feuilletée, la couper en deux, puis en bandes verticales d'environ 2 cm. Étaler une petite couche de crème ricotta sur chaque bande. Poser une asperge et enrouler la pâte autour en soudant bien. Badigeonner de jaune d'œuf et parsemer de graines de sésame et de pavot. Déposer sur une plaque allant au four couverte de papier de cuisson et enfourner 18 à 20 minutes à 180°C.

SAISON :

MATÉRIEL NÉCESSAIRE :

Sapin feuilleté au caviar d'aubergine
& au pesto aux épinards

20 min — 30-35 min

Feuilleté

2 pâtes feuilletées
1,5 c. à soupe de graines de sésame
1 jaune d'œuf pour la dorure
Sel et poivre

Étaler une pâte feuilletée sur une plaque allant au four couverte de papier de cuisson. Sur une moitié de pâte, tartiner une fine couche de pesto aux épinards puis sur l'autre, le caviar d'aubergine. Recouvrir avec la seconde pâte feuilletée. Souder les deux pâtes entre elles sur les bords en pressant fortement dessus.
Découper un grand triangle et marquer le tronc en bas de l'arbre. Découper de chaque côté 9 branches d'environ 2,5 cm de largeur en laissant un espace pour le tronc.

Entortiller chaque bande sur elle-même.
Badigeonner les bandes de jaune d'œuf.
Parsemer de graines de sésame.
Saler et poivrer.
Enfourner 30 à 35 minutes à 190°C.
Déguster tiède.

Caviar d'aubergine

1 petite aubergine
1 c. à soupe de jus de citron
1/2 c. à café de cumin en poudre
1 pincée de cannelle en poudre
1/2 gousse d'ail écrasée
1 c. à soupe d'huile de sésame
1 pincée de persil ou de coriandre en poudre
Sel et poivre

Poser l'aubergine sur une plaque allant au four couverte de papier de cuisson. Enfourner 40 à 45 minutes à 210°C jusqu'à ce qu'elle soit bien cuite. Passer en mode gril les 5 dernières minutes. Couper l'aubergine en deux et récupérer la chair fondante dans un bol. Arroser de jus de citron pour empêcher l'oxydation. L'écraser à l'aide d'une fourchette. Ajouter les épices, l'ail, l'huile de sésame et le persil ou la coriandre. Saler et poivrer. Mélanger délicatement.

SAISON :

Pesto aux épinards

140 g d'épinards (feuilles et tiges)
1 grosse échalote ciselée
1/2 gousse d'ail
1 c. à café de jus de citron
1 pincée de cannelle en poudre
1/2 c. à café de cumin en poudre
Huile d'olive
Sel et poivre

Découper les épinards en morceaux.
Ciseler l'échalote et l'ail. Dans une poêle, verser un filet d'huile d'olive, la cannelle, les oignons et les épinards. Les faire sauter à feu moyen 5 minutes.
Verser le mélange dans un blender. Ajouter le jus de citron et le cumin.
Saler et poivrer. Mixer jusqu'à obtenir un mélange homogène. Réserver.

Torsades feuilletées au pesto
de graines de courge & au saumon fumé

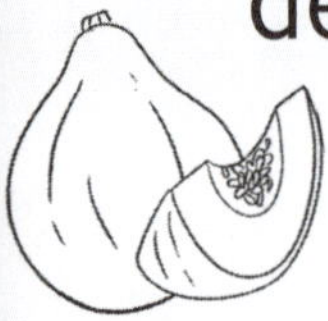

20 torsades | 20 min | 27-32 min

Les ingrédients

100 g de saumon fumé
60 g de graines de courge verte
10 g de coriandre hachée (feuilles et tiges)
1/4 de gousse d'ail pressée
120 ml d'huile d'olive
1 pâte feuilletée
1 jaune d'œuf
1,5 c. à soupe de graines de sésame
1 c. à soupe de graines de pavot
15 g de noix de cajou grillées
Sel et poivre

Dans un blender, réduire le saumon fumé en miettes. Réserver.
Laver le mixeur, puis verser les graines de courge verte, les noix de cajou, la coriandre, l'ail, le sel et le poivre. Mixer en ajoutant petit à petit l'huile d'olive jusqu'à obtenir un mélange homogène.
Étaler la pâte feuilletée sur une plaque allant au four couverte de papier de cuisson. Couper des bandes d'environ 14,5 × 2 cm. Étaler une mince couche de pesto de courge puis les miettes de saumon fumé.
Entortiller chaque bande sur elle-même. Les badigeonner de jaune d'œuf. Parsemer de graines de sésame et de pavot. Enfourner 27 à 32 minutes à 190°C.
Déguster tiède.

SAISON :

MATÉRIEL NÉCESSAIRE :

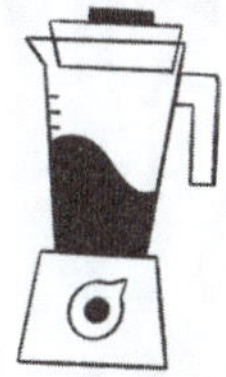

Minipizzas au chou kale

17 minipizzas | 10 min | 35 min

Minipizzas

90 g de chou kale
Huile d'olive
1 pâte à pizza
1/2 boule de mozzarella
Sel et poivre

Bien rincer les feuilles de chou kale. Dans un plat allant au four couvert de papier de cuisson, déposer les feuilles et les tiges. Arroser d'un filet d'huile d'olive. Saler et poivrer. Enfourner 8 minutes à 200°C. Déchirer les feuilles et réserver.
Dérouler la pâte de pizza et détailler des petits cercles à l'aide d'un emporte-pièce. Déposer les cercles sur une plaque allant au four couverte de papier de cuisson. Napper avec une fine couche de sauce tomate. Poser une petite tranche de mozzarella puis des petits morceaux de kale. Saler et poivrer. Enfourner 18 minutes à 200°C jusqu'à ce que la pâte soit cuite et bien dorée.
Servir tiède.

Sauce tomate

1 gousse d'ail
1/2 oignon
Huile d'olive
4 tomates
Sel et poivre

Dans une casserole, faire suer l'ail et l'oignon dans un filet d'huile jusqu'à ce qu'ils deviennent translucides. Ajouter les tomates en morceaux. Saler et poivrer. Laisser mijoter pendant 15 minutes. Laisser tiédir.

SAISON :

Minipizzas brocolis
& courgettes

17 minipizzas | 15 min | 30-35 min | 5 min

Les ingrédients

180 g de bouquets de brocoli
et une partie des racines
1/2 œuf battu + 1 blanc
40 g de parmesan fraîchement râpé
25 g d'amandes en poudre
1/2 c. à café d'origan séché
Huile d'olive
Sel et poivre

Dans un robot, mixer finement les bouquets de brocoli et quelques morceaux des racines jusqu'à obtenir des miettes.
Les faire pocher 2 minutes dans de l'eau bouillante.
Les égoutter puis les presser avec un torchon pour en sortir toute l'eau.
Remettre les miettes dans le robot et mixer avec l'œuf battu, le parmesan, les amandes en poudre, l'origan, un filet d'huile d'olive, du sel et du poivre jusqu'à obtenir une pâte homogène. Sur une plaque allant au four couverte de papier de cuisson, former des petites boules de pâte et les écraser sur 4 à 5 mm d'épaisseur. Enfourner 14 minutes à 190°C jusqu'à ce que les bords des pizzas brunissent légèrement. Sortir du four et ajouter 2 à 3 tranches de courgette rôtie. Enfourner à nouveau 10 minutes. Laisser refroidir un peu.
Disposer les minipizzas sur un plat. Ajouter une demi-cuillerée à café de feta émiettée, le zeste de citron, les tomates cerises, une petite feuille de menthe et un filet d'huile d'olive.
Servir immédiatement.

SAISON :

MATÉRIEL NÉCESSAIRE :

Courgettes rôties

200 g de courgettes
en fines tranches
Huile d'olive
20 g de feta émiettée
Le zeste de 1/2 citron bio
non traité
8 tomates cerises coupées
en quartiers
Des petites feuilles
de menthe fraîche
ou du persil plat
Sel et poivre

Dans un plat allant au four couvert de papier de cuisson, poser les fines tranches de courgette. Ajouter un filet d'huile d'olive. Saler et poivrer. Remuer délicatement pour que les tranches s'imprègnent d'huile uniformément. Enfourner 30 minutes à 180°C jusqu'à ce qu'elles aient une belle couleur dorée.

Quiche aux carottes
& curry vert

Moule à tarte (environ 20 cm) | 25 min | 30 min

Les ingrédients

150 g de carottes râpées (avec la peau) bio non traitées
2 œufs
1 c. à soupe de pâte de curry vert
200 ml de lait de coco
1 c. à café de gingembre râpé
1,5 c. à soupe d'huile de sésame
1 pâte brisée
1 c. à soupe de graines de sésame
3 brins de coriandre ciselée
Sel et poivre

Râper les carottes avec la peau. Dans un grand bol, casser les œufs et ajouter la pâte de curry vert, le lait de coco, le gingembre râpé (avec ou sans peau) et l'huile de sésame. Saler et poivrer. Battre le tout avec une fourchette.
Beurrer un moule à tarte. Étaler la pâte. Battre à nouveau le mélange aux œufs et remplir le moule.
Enfourner 28 à 30 minutes à 200°C jusqu'à ce que la quiche soit bien dorée. Laisser tiédir.
La couper en plusieurs carrés de 3 × 3 cm. Parsemer de graines de sésame et de la coriandre. Servir tiède.

SAISON :

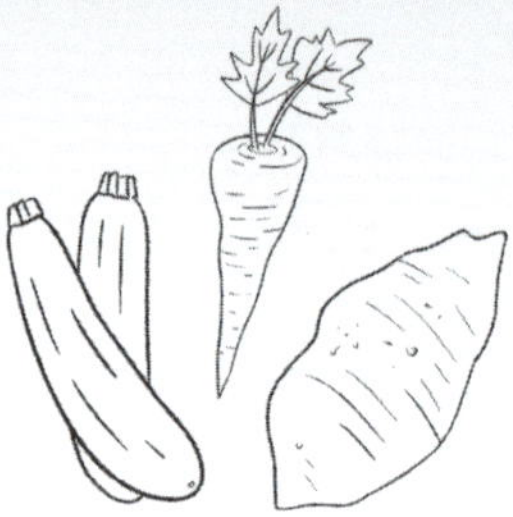

Tarte
du Sud

1 tarte 33 × 11 cm | 25 min | 45-50 min

Les ingrédients

1/2 patate douce (environ 200 g)
1,5 courgette (environ 250 g)
1/2 panais (environ 100 g)
1,5 tomate
Huile d'olive
3 œufs
130 g de crème fraîche
20 g de feta émiettée
1 c. à soupe de moutarde de Dijon
1 grosse pincée de noix de muscade
1 pâte brisée
1 c. à café de thym frais (ou séché)
Quelques brins de romarin
Sel et poivre

Couper les légumes en fines tranches à l'aide d'une mandoline (utiliser un couteau pour la tomate). Bien sécher (à part la tomate) avec un torchon. Les verser dans un grand bol et ajouter un filet d'huile d'olive. Saler et poivrer. Remuer délicatement et réserver. Dans un grand bol, casser les œufs. Ajouter la crème fraîche, la feta émiettée, la moutarde, la noix de muscade, le sel et le poivre. Battre avec une fourchette. Beurrer un moule à tarte. Étaler et piquer la pâte brisée. Disposer les légumes sur la pâte en les alternant. Entre les tranches, parsemer d'herbes aromatiques. Saler et poivrer légèrement. Verser la crème à base d'œufs battus entre les rangs de légumes. Enfourner 45 à 50 minutes à 180°C jusqu'à ce que les légumes soient fondants et dorés. Laisser tiédir. Découper la tarte en carrés de 3 × 4 cm.

SAISON :

les biscuits & les croquants

Noix grillées
au gingembre

2 min

9-10 min

Les ingrédients

260 g de noix variées
(amandes, noix de pécan,
noix de cajou, noisettes,
cacahuètes, cerneaux de noix)
1 c. à café de gingembre
en poudre
1 c. à café de gros sel
1 c. à café de sucre

Verser les noix sur une plaque allant au four couverte de papier de cuisson. Parsemer de gingembre et de sel. Mélanger afin que les noix soient bien enrobées. Enfourner 9 à 10 minutes à 180°C jusqu'à ce que les noix soient légèrement dorées. Dès la sortie du four, parsemer les noix de sucre.

SAISON :

ASTUCE

Les noix peuvent se conserver quelques jours dans une boîte hermétique.

Graines
grillées

5-8 min 5-25 min

Les ingrédients

Les graines de 1,5 poivron
Les graines de 1 melon orange genre Cavaillon
80 g de graines de courge jaune variété spaghetti
265 g de pois chiches
Huile d'olive
1 c. à soupe de mélange zaatar libanais
Sel et poivre

Bien rincer et sécher les graines avec un papier absorbant.

Graines de poivron et de melon

Faites revenir à la poêle, à sec, pendant 3 à 6 minutes à feu doux les graines de poivron et de melon avec 1 pincée de sel et 1 demi-cuillerée à café de zaatar.

Graines de courge et pois chiches

Verser les graines de courge dans un bol et les pois chiches dans un autre. Ajouter un filet d'huile d'olive, du sel, du poivre et du zaatar. Mélanger pour bien répartir l'huile et les épices. Les disposer sur deux plats différents allant au four et enfourner 15 -20 minutes pour les graines de courge et 20-25 minutes pour les pois chiches, jusqu'à ce que ce soit bien doré et croustillant.
À manger de préférence immédiatement pour le côté croustillant. Se garde 1 à 2 jours dans une boîte hermétique.

Crackers au poivron
avec ses graines

1 grand bol · 30 min · 35 min

Les ingrédients

1 poivron rouge
170 g de farine
90 g de beurre doux très froid coupé en petits dés
50 g de tomates séchées et coupées en morceaux
1 petite poignée d'emmental râpé (pour gratiner)
1 bonne pincée de sel

Rôtir le poivron sur une plaque au four à 180°C pendant 20 à 25 minutes. Retirer la peau, couper les graines en gros morceaux et les réserver. Dans le bol d'un robot, mixer la farine, le beurre et le sel. Ajouter les tomates séchées et le poivron rôti. Mixer de nouveau. Former la pâte obtenue en boule et réserver au réfrigérateur pendant 1 heure dans une boîte hermétique.
Sur un plan de travail fariné, étaler la pâte sur une épaisseur de 3 à 4 mm. La détailler à l'aide d'un emporte-pièce d'environ 3-3,5 cm en forme d'étoile ou rond. Déposer les crackers sur une plaque allant au four couverte de papier de cuisson. Parsemer de sel, de graines de poivron et d'emmental. Enfourner à 170°C pendant 9 à 11 minutes jusqu'à ce que les crackers aient une belle couleur légèrement dorée. Laisser tiédir sur la plaque avant de les mettre dans un bol.

SAISON :

MATÉRIEL NÉCESSAIRE :

Sablés aux carottes
& aux graines

20 sablés | 20 min | 13-15 min | 1 h

Les ingrédients

40 g de carottes râpées
2 c. à soupe de pâte miso
50 g de parmesan fraîchement râpé
60 g d'amandes en poudre
100 g de beurre doux mou
150 g de farine
1 jaune d'œuf
1 c. à soupe de sucre
1 c. à café de levure chimique
1 grosse pincée de sel

Pour décorer

4 c. à soupe de graines de sésame blond
4 c. à soupe de graines de sésame noir
1 jaune d'œuf pour la dorure

À l'aide d'un blender, mixer tous les ingrédients sauf les graines de sésame jusqu'à obtenir une pâte homogène. Former une boule et réserver 1 heure au réfrigérateur.
Sur une plaque allant au four couverte de papier de cuisson, étaler la pâte sur une épaisseur de 3 à 4 mm à l'aide d'un rouleau à pâtisserie avec un peu de farine. Découper des biscuits ronds à l'aide d'un emporte-pièce de 5 cm. Badigeonner chaque sablé de jaune d'œuf et parsemer de graines. Enfourner 13 à 15 minutes à 170°C jusqu'à ce que les sablés soient croustillants et bien dorés. Déguster rapidement.

SAISON :

MATÉRIEL NÉCESSAIRE :

Sablés aux épinards
& aux graines

30 sablés | 20 min | 15-17 min | 1 h

À l'aide d'un blender, mixer tous les ingrédients sauf les graines jusqu'à obtenir une pâte homogène. Former une boule et réserver 1 heure au réfrigérateur.

Les ingrédients

30 g d'épinards (tiges et feuilles)
60 g de parmesan fraîchement râpé
60 g d'amandes en poudre
1 c. à café de curry en poudre
120 g de beurre doux mou
130 g de farine
1 jaune d'œuf
1 c. à soupe de sucre
1 c. à café de levure chimique
1 grosse pincée de sel
3 c. à soupe de kasha (graines de sarrasin grillées)
3 c. à soupe de graines de courge verte
1,5 c. à soupe de graines de pavot

Sur une plaque allant au four couverte de papier de cuisson, étaler la pâte sur une épaisseur de 3 à 4 mm à l'aide d'un rouleau à pâtisserie avec un peu de farine. Découper des biscuits ronds à l'aide d'un emporte-pièce de 5 cm. Badigeonner chaque sablé de jaune d'œuf et parsemer de graines. Enfourner 13 à 15 minutes à 170°C jusqu'à ce que les sablés soient croustillants et bien dorés. Déguster rapidement.

SAISON :

MATÉRIEL NÉCESSAIRE :

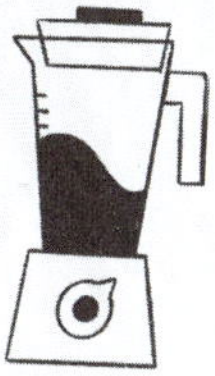

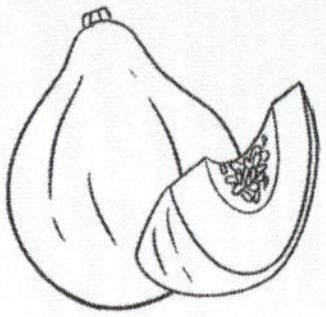

Biscuits salés
de courge spaghetti

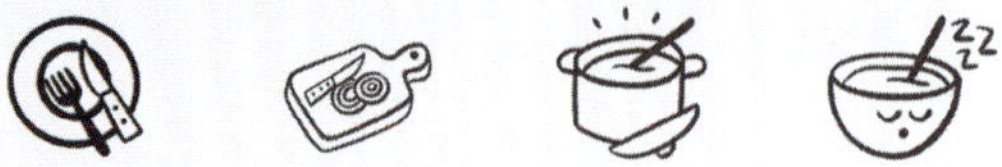

30 sablés | 20 min | 14-16 min | 1 h

Les ingrédients

2 petites tranches de courge spaghetti
90 g de comté fraîchement râpé
60 g d'amandes en poudre
120 g de beurre doux mou
120 g de farine
1 jaune d'œuf pour la pâte à biscuits
1 c. à soupe de sucre
1 c. à café de levure chimique
1 grosse pincée de sel

Pour la garniture

Graines de courge spaghetti
1 jaune d'œuf pour la dorure
Fleur de sel
Brisures de romarin frais ou sec

Récupérer les graines de courge et enlever les fils de chair. Mettre les graines dans un plat allant au four couvert de papier de cuisson et enfourner 5 à 8 min à 170°C jusqu'à ce qu'elles soient sèches et gonflées. Veiller à ce qu'elles ne prennent pas trop de couleur.
Faire bouillir les tranches de courge jusqu'à ce qu'elles soient fondantes. Égoutter, écraser à l'aide d'une fourchette puis presser avec un papier absorbant pour retirer le maximum d'eau.
Verser tous les ingrédients sans les graines de courge dans un robot et mixer jusqu'à obtenir une pâte homogène.

Former 2 boudins avec un peu de farine et laisser 1 heure au réfrigérateur. Poser les boudins sur une plaque allant au four couverte de papier de cuisson. Découper en petites rondelles de 4 à 5 mm d'épaisseur. Badigeonner avec le jaune d'œuf battu. Parsemer de graines de courge précuites, de fleur sel et de quelques brisures de romarin sur chaque biscuit.
Enfourner 14 à 16 minutes à 170°C jusqu'à ce que les biscuits salés soient croustillants et légèrement dorés.

SAISON :

MATÉRIEL NÉCESSAIRE :

Sablés
basilic tomate

35 sablés | 20 min | 16-18 min | 1 h

Les ingrédients

15 g de basilic
(tiges et feuilles)
55 g de tomates séchées
et coupées en morceaux
50 g de parmesan
fraîchement râpé
60 g de poudre d'amandes
120 g de beurre doux mou
120 g de farine
1 jaune d'œuf
1 c. à soupe de sucre
1 c. à café de levure chimique
Une grosse pincée de sel

Pour décorer

1-2 jaunes d'œufs
4 c. à soupe de parmesan râpé
1 c. à soupe de fleur de sel

Préchauffer le four à 170°C.
Verser tous les ingrédients dans un robot et mixer jusqu'à obtenir une pâte homogène. Former en boule et laisser reposer 1 heure au réfrigérateur.
Sortir la pâte. Poser la boule sur une plaque allant au four couverte de papier de cuisson. L'étaler sur une épaisseur de 3-4 mm à l'aide d'un rouleau à pâtisserie avec un peu de farine. Découper des biscuits ronds à l'aide d'un emporte-pièce de 3,5-4 cm. Les espacer sur la plaque, badigeonner chaque sablé avec le jaune d'œuf. Parsemer les bords du mélange de parmesan râpé et de la fleur de sel.
Enfourner 16-18 minutes à 170°C jusqu'à ce qu'ils soient croustillants et légèrement dorés. Sortir la plaque du four. Laisser tiédir avant de servir.

les bouchées

Carpaccio de saint-jacques

25 fines tranches

20 min

Carpaccio

4-5 noix de saint-jacques très fraîches
3-4 c. à soupe d'œufs de truite ou de saumon
1 bouquet de cerfeuil
1 pincée de poivre

Avec un couteau aiguisé, découper les noix de saint-jacques en fines tranches. Les déposer sur un grand plateau. Verser le coulis d'herbes entre les tranches et quelques gouttes dessus. Poser des œufs de truite et un peu de cerfeuil ciselé. Poivrer avant dégustation.

Coulis d'herbes aromatiques

2,5 c. à soupe de jus de citron vert
2 c. à soupe d'huile d'olive (légère en goût)
1 gousse d'ail écrasée
1/2-1 c. à café de sirop d'agave ou de miel d'acacia
20 g d'herbes aromatiques fraîches (ou mélange aneth, cerfeuil, ciboulette, persil plat)
Sel et poivre

Dans un blender, verser tous les ingrédients et mixer jusqu'à obtenir un mélange homogène et suffisamment liquide.

MATÉRIEL NÉCESSAIRE :

Brochettes
de crevettes marinées

14 brochettes · 20 min · 2-3 min · 2 h

Brochettes

14 grosses crevettes crues fraîches
1 c. à soupe de jus de citron vert
2 c. à soupe de sirop d'agave
ou de miel d'acacia
1/2 gousse d'ail écrasée
Quelques rondelles d'un petit
piment rouge frais
3 c. à soupe d'huile d'olive
1 brin de coriandre
1 citron vert
Sel et poivre

Décortiquer les crevettes en gardant la queue.
Dans un contenant hermétique, verser tous ingrédients de la marinade et les crevettes. Mettre au réfrigérateur.
Chauffer à vif une poêle en fonte (poêle à steak, par exemple) et faire cuire les crevettes 2 minutes sur chaque côté jusqu'à ce qu'elles aient des marques de cuisson.
Sur un plat, disposer les crevettes, la mayonnaise, quelques quartiers de citron vert et des feuilles de coriandre.

MATÉRIEL NÉCESSAIRE :

Mayonnaise aux herbes

6 c. à soupe de mayonnaise fraîche
40 g d'herbes aromatiques (feuilles et tiges)
Un peu de zeste de citron vert bio non traité
Sel et poivre

Dans un blender, bien mixer tous les ingrédients jusqu'à obtenir une mayonnaise.
La mettre dans un petit bol.

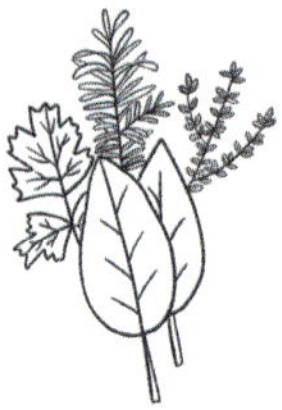

Œufs mimosa
& mayonnaise aux herbes

20 min — 10 min

Les ingrédients

4 œufs
4 c. à soupe de mayonnaise
20 g d'herbes aromatiques (aneth, ciboulette ou persil plat)
1 c. à soupe de jus de citron vert
1/4 de gousse d'ail écrasée
Sel et poivre

Pour décorer

2 tranches de saumon fumé (ou de truite fumée) découpées en morceaux
1 c. à café de graines de pavot
2 c. à soupe de graines de sésame
1 c. à soupe de kasha (graines de sarrasin grillées)

Dans une casserole, faire bouillir l'eau et ajouter les œufs pendant 10 minutes. Les plonger ensuite dans de l'eau froide puis les écaler. Les couper en deux. Enlever les jaunes et les mettre dans un mixeur. Ajouter la mayonnaise, le citron, l'ail, les herbes, le sel et le poivre. Avec ce mélange, farcir les blancs. Déposer 2 petits morceaux de saumon fumé et parsemer avec les graines (pavot, sésame et kasha).

MATÉRIEL NÉCESSAIRE :

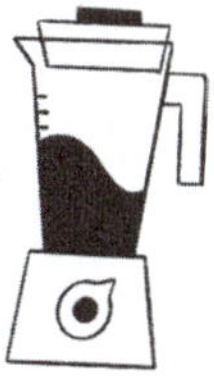

Toasts de fromage frais
& de carottes

7 toasts | 15 min | 30 min

Marinade

Le jus de 1 mandarine
Le jus de 1 orange
2 c. à café de gingembre râpé
Sel et poivre

Tartines

1 grosse carotte rincée bio
7 petites tranches de pain aux noix et aux raisins
150 g de fromage frais
7 c. à soupe d'œufs de truite ou de saumon
1 c. à café de graines de sésame
2 c. à soupe de ciboulette ciselée
Huile d'olive
Poivre

Dans un bol, mélanger tous les ingrédients de la marinade.
À l'aide d'une mandoline, couper la carotte en fins rubans. Les plonger dans la marinade et laisser reposer au réfrigérateur 30 minutes.
Arroser les tranches de pain d'un filet d'huile d'olive. Les faire griller au four 11 à 13 minutes à 200 °C jusqu'à ce qu'elles soient dorées et croustillantes. Laisser tiédir.
Sur les tranches de pain, tartiner une couche généreuse de fromage frais et de marinade. Ajouter les œufs de poisson. Parsemer de graines de sésame et de la ciboulette. Ajouter une pincée de poivre.

SAISON :

MATÉRIEL NÉCESSAIRE :

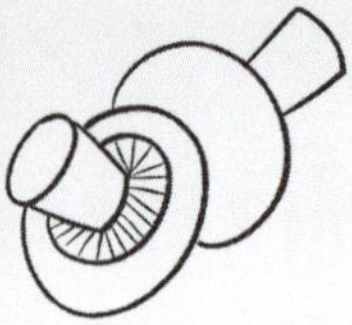

Triangles de pâté
aux champignons & noisettes

16 petits triangles — 25 min — 15 min — 1 h

Pâté aux champignons & noisettes

300 g de champignons de Paris
1 filet d'huile d'olive
1 c. à soupe de beurre
30 g d'échalote hachée (ou oignon rouge)
1,5 gousse d'ail finement hachée
1 c. à café de sauce soja
2 c. à soupe de cognac
15 noisettes
2 c. à soupe de persil plat haché
1 c. à café de thym frais
6 tranches de pain de mie
Sel et poivre

Rincer et couper les champignons (avec les pieds) en tranches.
Verser l'huile et le beurre dans une poêle. Faire fondre l'échalote et l'ail jusqu'à ce qu'ils soient translucides.
Ajouter les champignons en morceaux, la sauce soja, le cognac et remuer à feu vif jusqu'à ce que les champignons soient fondants et que le liquide soit presque évaporé.
Saler et poivrer. Transvaser le tout dans un blender. Laisser refroidir 5 minutes. Ajouter les noisettes, le persil et le thym. Mixer. La pâte ne doit pas avoir une texture complètement lisse. Mettre le pâté dans un bol puis au réfrigérateur pendant 1 heure.
Sur une première tranche de pain de mie, tartiner une mince couche de beurre aromatique. Poser une deuxième tranche puis tartiner avec une couche de pâté. Fermer avec une troisième. Renouveler l'opération pour les autres.
Couper d'abord le sandwich en 4 (en biais) puis en 8.

SAISON :

MATÉRIEL NÉCESSAIRE :

Beurre

35 g de roquette
80 g de beurre doux mou

Dans un blender, mixer finement la roquette. Ajouter le beurre et mixer jusqu'à obtenir un mélange homogène. Laisser reposer à température ambiante.

Kimchi
de choux de Bruxelles

10 coupelles — 20 min — 1 h

Kimchi

8 choux de Bruxelles
140 g de chou chinois coupé en gros morceaux
1/2 pomme verte granny smith coupée en petits dés
1/2 carotte en julienne
1 c. à soupe de sucre
2 c. à café de gingembre râpé
1 à 2 c. à café de flocons de piment rouge
1 gousse d'ail pressée
1/2 c. à café de nuoc-mâm
1 c. à café de sirop d'agave
Le jus de 1/2 citron vert
Sel et poivre

Laisser fondre 4 g de sel dans 50 ml d'eau. Rincer les choux. Retirer les premières feuilles et la base s'ils sont trop abîmés, puis les couper en quartiers. Verser tous les ingrédients (sauf les crevettes, les cacahuètes et les herbes aromatiques) dans le bol d'eau salée. Bien mélanger pour enrober les légumes et la pomme d'eau salée. Laisser reposer au réfrigérateur au moins 1 heure.
Verser le kimchi de choux dans des petites coupelles. Ajouter dans chaque coupelle 2 crevettes roses, des éclats de cacahuètes et des brins d'herbes aromatiques.

Pour décorer

20 crevettes roses décortiquées
2 c. à soupe de cacahuètes écrasées grossièrement
2 brins de coriandre ou de persil

SAISON :

Bouquets de chou-fleur
& sauce satay

25 petits bouquets

25 min

6 min

Les bouquets

1/2 chou-fleur
Quelques brins de coriandre
1/2 citron vert coupé en quartiers
1 c. à soupe de cébette émincée
1 c. à soupe de cacahuètes grossièrement hachées

Prélever des bouquets du chou-fleur et, à l'aide d'une mandoline, couper le tronc en tranches très fines. Faire cuire les bouquets pendant 6 minutes dans de l'eau salée bouillonnante. Égoutter. Disposer sur un plat avec la coriandre, le citron vert et la sauce satay. Parsemer de cébette et de cacahuètes.

SAISON :

MATÉRIEL NÉCESSAIRE :

Sauce satay

1 gousse d'ail pressée
1 échalote
Huile d'olive
1 c. à café de sauce sriracha (sauce piquante thaïlandaise)
7 c. à soupe de pâte d'arachide
2 c. à soupe de sauce soja
2 c. à café de sirop d'agave ou de sucre
100 ml d'eau
2 c. à café de jus de citron vert
2-3 c. à soupe de lait de coco
Sel et poivre

Dans une casserole, faire suer l'ail et l'échalote finement hachés avec un filet d'huile d'olive jusqu'à ce qu'ils deviennent translucides. Ajouter le piment, le sel, poivre, la pâte d'arachide, la sauce soja, le sucre, l'eau, le jus de citron vert et le lait de coco. Laisser réduire la sauce sans cesser de remuer. Assaisonner de nouveau si besoin et verser dans un petit bol.

Beignets de chou-fleur
enrobés de sauce rouge

25 min 7 min 10 min

Beignets de chou-fleur

1/2 grand chou-fleur
(300 g de bouquets
+ un peu du pied)
2 œufs battus
80 g de farine
1 c. à café de levure
chimique
1 grosse pincée de sel
400 ml d'huile
de tournesol
(pour la friture)
1 c. à café de graines
de sésame grillées
2 c. à soupe de cébette

Détailler le chou-fleur en bouquets. À l'aide d'une mandoline, couper les pieds en tranches très fines. Les cuire 4 à 6 minutes dans de l'eau salée bouillonnante. Égoutter et sécher. Dans un grand bol, verser les œufs battus, la farine, la levure chimique et le sel. Bien fouetter jusqu'à obtenir une pâte lisse.

Chauffer l'huile dans une casserole à fond épais jusqu'à environ 180°C. Tremper les bouquets et les tranches des pieds de chou-fleur dans la pâte et tapoter l'excédent vers le bord du bol. Les faire frire et, à l'aide d'une écumoire, les retourner dans la friture. Sortir les beignets quand ils sont très dorés. Les déposer sur une assiette avec du papier absorbant.

SAISON :

MATÉRIEL NÉCESSAIRE :

Sauce pimentée

1-1,5 c. à soupe de gochujang coréen (pâte de piment rouge)
2 gousses d'ail finement émincées
1 c. à soupe d'huile de tournesol
3 c. à soupe de sucre
1 c. à soupe de vinaigre de riz
1 c. à soupe de soja
100 ml d'eau

Dans une casserole, faire mijoter tous les ingrédients à feu moyen. Laisser réduire 15 minutes sans cesser de remuer jusqu'à obtenir une sauce très épaisse.
Avec la sauce, enrober délicatement les beignets de chou-fleur.
Parsemer de graines de sésame grillées et la cébette.
Servir aussitôt.

Bouchées vapeur
aux champignons

25 petites bouchées | 30 min | 5 min | 10 min

Farce pour les bouchées vapeur

250 g de champignons (avec les pieds) coupés en petits dés
1 gousse d'ail écrasée
1 feuille d'épinard et sa tige hachées finement
2 cébettes nouvelles émincées finement
1. c. à soupe de gingembre râpé (avec ou sans peau)
Huile d'olive (cuisson des champignons)
2 c. à soupe de pâte miso
1 c. à soupe d'huile de sésame (cuisson des champignons)
25 feuilles rondes de pâte pour dim sum (gyozas)
Graines de sésame

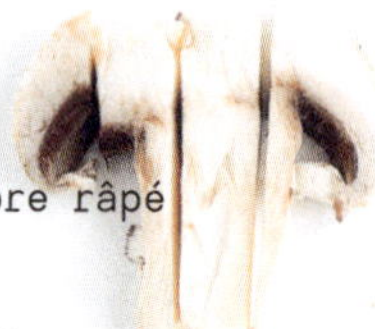

Pour décorer

2 c. à café de graines de sésame
1 cébette finement émincée

Verser les champignons, l'ail, l'épinard en morceaux et le gingembre dans une poêle à feu moyen avec un filet d'huile d'olive. Faire revenir quelques minutes jusqu'à ce que les champignons soient fondants. Ajouter la pâte miso et un filet d'huile de sésame. Remuer puis laisser refroidir.
Prendre une feuille de pâte pour gyozas dans la main gauche. Du bout des doigts, humidifier le bord avec de l'eau et déposer 1 c. à café légèrement bombée de farce au milieu. Faire le premier pli en pinçant la partie la plus à droite de la pâte entre l'index et le pouce de la main droite. Former un second pli sur le premier et pincer la pâte. Continuer à former des plis, puis toujours refermer un pli sur le pli précédent et tourner les plis (10-12 plis par bouchée) jusqu'à obtenir une forme ronde. Dans un panier de cuisson vapeur tapissé de papier de cuisson préalablement troué, cuire les bouchées pendant 5 minutes. Parsemer de graines de sésame et des cébettes émincées. Servir avec la sauce dip.

SAISON :

Sauce dip

Quelques gouttes de nuoc-mâm
1/2 c. à café de graines de sésame
2 c. à soupe de sauce soja
1 c. à soupe de sauce mirin
(ou à défaut de vinaigre de riz)
1 c. à soupe d'huile de sésame
1 pincée de piment en poudre

Mélanger tous les ingrédients de la sauce dans un bol. Mettre au frais.

Onigiris au thon
& aux feuilles de chou

8 onigiris de 6 cm | 25 min | 15 min | 40 min

Onigiris

1 conserve de thon naturel
4 c. à soupe de mayonnaise fraîche
1/2 c. à soupe de pâte de wasabi
1 grosse feuille de chou vert frisé
2 feuilles de chou vert (lisse)
2 feuilles de chou rouge (lisse)
400 g de riz pour sushis
400 ml d'eau
8 c. à soupe de vinaigre de riz pour sushi
2 feuilles de shiso frais (plante aromatique japonaise)
1 c. à café de graines de sésame blanc et noir
Sel et poivre

Mousse de thon

Dans un petit bol, verser le thon égoutté et émietté. Ajouter la mayonnaise et la pâte de wasabi. Saler et poivrer. Bien remuer. Réserver au frais.

Dans une casserole remplie d'eau salée, cuire les feuilles de chou (pas la feuille de shiso) dans de l'eau bouillante 5 minutes. Égoutter et sécher. Mettre les feuilles de chou à plat et couper des bandes de 12 × 5,5 cm. Rincer le riz dans de l'eau pendant 1 heure, changer l'eau plusieurs fois. Égoutter pendant 30 minutes. Verser le riz dans une casserole remplie d'eau (400 ml). Une fois à ébullition, cuire à couvert 5 minutes, puis baisser à feu doux pendant 5 minutes. Sortir du feu et laisser reposer 10 minutes.
Verser le vinaigre de riz et remuer le riz délicatement. Le réserver au réfrigérateur 30 minutes au moins. Prendre une portion de riz dans la main préalablement humidifiée (sinon le riz va coller). Au milieu, déposer une cuillerée à soupe de mousse de thon et fermer la paume pour couvrir la mousse. Former un triangle de riz en le façonnant délicatement (ou utiliser un moule à onigiris). Recouvrir l'onigiri d'une lamelle de chou ou de feuille de shiso. Parsemer de graines de sésame. Pour les déguster, tremper les onigiris dans la sauce décrite ci-contre.

SAISON :

Sauce

4 c. à soupe de sauce soja
1 c. à soupe de vinaigre de riz (mirin)
1/2 c. à café de graines
de sésame
1/2 c. à soupe de ciboulette (ou
de cébette) finement coupée

Dans un petit bol, verser
tous les ingrédients et remuer.

Rouleaux de printemps
aux carottes

14 rouleaux 30 min

Les ingrédients

6 carottes multicolores rincées avec épluchures
1/2 panais rincé avec épluchures
14 feuilles de riz (diamètre : 18 cm)
1/2 botte de coriandre (environ 14 branches + déco)
3 c. à soupe de cacahuètes grossièrement hachées
2 c. à soupe de graines de sésame

À l'aide d'une mandoline, couper les carottes et le panais en fines tranches puis les détailler en julienne. Mouiller les feuilles de riz avec de l'eau puis les déposer sur une planche couverte d'un torchon légèrement humide, puis le fermer sur les feuilles de riz. Laisser jusqu'à ce qu'elles soient humides et souples. Vers le haut de la feuille de riz, déposer des longues juliennes de carottes tout au long de la feuille. Ajouter un brin de coriandre (tige et feuilles). Parsemer d'éclats de cacahuètes et de graines de sésame. Enrouler (comme une crêpe) en serrant en même temps. Avec un couteau aiguisé, couper éventuellement les bouts des rouleaux pour qu'ils soient nets. Les mettre au frais. Disposer les rouleaux de printemps dans une assiette avec quelques brins de coriandre et la sauce dip. Parsemer de graines de sésame.

SAISON :

MATÉRIEL NÉCESSAIRE :

Sauce dip

2 citrons verts (80 ml de jus)
1/2 c. à café de piment en poudre (ou des petites rondelles de piment frais)
3-4 c. à soupe de sauce soja
2 c. à café de nuoc-mâm

Dans un petit bol, verser tous les ingrédients et mélanger. Réserver.

Dolmades
au chou kale

18 petits dolmades

25 min

Dolmades

9 grosses feuilles de chou vert (lisse)
100 g de riz cuit
1,5 c. à soupe de raisins secs (environ 8 g)
3 c. à soupe de persil finement haché
3 c. à soupe de menthe fraîche finement hachée
2 c. à soupe de pignons de pin grillés
1 c. à soupe de vinaigre balsamique blond
1 c. à soupe d'oignon blanc finement haché
1-2 c. à soupe de tiges de kale (sans les feuilles) finement hachées
1 c. à soupe de jus de citron
2 c. à soupe de jus d'une mandarine ou d'une orange pressée
1 c. à café d'huile d'olive
Sel et poivre

Faire cuire 5 minutes les 9 grosses feuilles de chou dans une casserole d'eau salée bouillante. Laisser refroidir.
Sécher et réserver. Dans un grand bol, mélanger le riz cuit, les raisins, le persil, la menthe, les pignons de pin, le vinaigre, l'oignon, les tiges de kale émincées, les jus de citron et de mandarine et l'huile d'olive. Poivrer et saler.
Poser une feuille de chou à plat. Verser 2 cuillerées à soupe de mélange de riz au milieu vers le bas. Rabattre les bords et rouler la feuille en serrant délicatement pour que ça ne se déchire pas. Couper le dolmade en deux et fixer chaque morceau avec un cure-dents. Renouveler l'opération jusqu'à l'épuisement des ingrédients.

SAISON :

Sauce dip

30 ml de jus de citron
1 c. à soupe d'huile d'olive
2 c. à soupe de miel d'acacia ou de sirop d'agave
Sel et poivre
1-2 feuilles de menthe fraîche ciselées

Dans un petit verre, mettre le jus de citron et l'huile d'olive. Bien remuer puis verser le miel. Saler et poivrer. Le goût doit être agréablement acide et sucré en même temps. Ajouter la menthe ciselée.

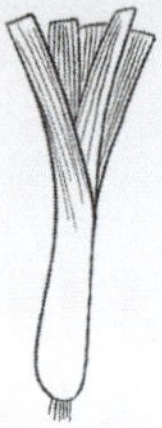

Gyozas
aux poireaux

10 gyozas 30 min 10 min

Farce pour gyozas

10 feuilles rondes de pâte pour gyozas
80 g de champignons avec les pieds coupés en petits dés
1/2 poireau émincé finement
30 g d'un poivron rouge coupé en petits dés
1/2 gousse d'ail écrasée
1 filet d'huile d'olive
1 c. à café de pâte de curry vert
50 ml de lait de coco
1 c. à soupe de jus de citron vert
1,5 c. à café de sucre
1 filet d'huile de sésame

Verser les champignons, les émincés de poireaux, les dés de poivron et l'ail dans une poêle avec un filet d'huile d'olive. Cuire à feu moyen quelques minutes jusqu'à ce que les légumes soient fondants. Ajouter la pâte de curry, le lait de coco, le jus de citron vert et le sucre. Laisser cuire 1 à 2 minutes en remuant. Réserver. Prendre une feuille pour gyozas dans la main gauche. À l'aide du bout des doigts, humidifier le bord avec de l'eau. Déposer 1 c. à café légèrement bombée de farce au milieu. Fermer la moitié du gyoza en collant le coin externe gauche et en appuyant fortement dessus. Faire de petits plis en les collant le long du disque, soit 4-5 plis en tout sur un côté. L'autre côté sera lisse. Poêler les gyozas 4 à 5 minutes à feu moyen-vif avec de l'huile de sésame jusqu'à ce qu'ils soient dorés. Verser de l'eau dans la poêle jusqu'à 1 cm de hauteur. Couvrir la poêle pour faire évaporer l'eau complètement. Servir les gyozas avec la sauce dip.

SAISON :

Sauce dip

Quelques gouttes de nuoc-mâm
1/2 c. à café de graines de sésame
2 c. à soupe de sauce soja
1 c. à soupe de sauce mirin
(ou à défaut de vinaigre de riz)
1 c. à soupe d'huile de sésame
1 pincée de piment en poudre
1 c. à soupe de cébette émincée

Mélanger tous les ingrédients de la sauce dans un bol. Mettre au frais.

Omelettes aux betteraves

10 petites omelettes | 25 min | 40 min

Betteraves rôties

2 betteraves (1 orange et 1 rose)
1 filet d'huile d'olive
Sel et poivre

Couper la betterave en quartiers et les poser dans un plat allant au four. Verser un filet d'huile d'olive, du sel et du poivre dessus puis enfourner 35 à 40 minutes jusqu'à ce que les tranches de betterave soient dorées et fondantes. Réserver.

Petites omelettes

2 blancs d'œufs
2 jaunes d'œufs
2 c. à soupe de ciboulette
2 c. à soupe d'emmental râpé
1 filet d'huile d'olive
Sel et poivre

Dans un grand bol, verser les blancs d'œufs et fouetter à la main jusqu'à obtenir une mousse molle. Ajouter les jaunes et fouetter jusqu'à obtenir un mélange homogène. Saler et poivrer. Ajouter l'emmental et la ciboulette. Remuer. Chauffer une petite poêle à blinis avec un filet d'huile d'olive et verser un peu du mélange d'œufs. Laisser cuire quelques minutes jusqu'à ce qu'il y ait une croûte croustillante. Renouveler l'opération jusqu'à obtenir une dizaine de petites omelettes. Laisser tiédir. Couper des morceaux de salade plus grands que les omelettes et poser ces dernières dessus. Sur chaque omelette, déposer des petites feuilles de betterave et des tranches de betterave. Parsemer d'éclats de cacahuètes et de dés de concombre. Servir tiède avec la sauce dip.

SAISON :

Pour décorer

3 grosses feuilles de salade
2 c. à soupe d'éclats de cacahuètes grillées non salées
3 c. à soupe de concombre coupé en petits dés

Sauce dip

Le jus de 1 citron vert
2 c. à soupe de sucre
1 c. à café de nuoc-mâm
Quelques tranches de piment frais
1/2 gousse d'ail finement coupée ou écrasée
2 feuilles de menthe ciselées
1 c. à soupe d'éclats de cacahuètes non salées
1 pincée de poivre

Verser tous les ingrédients dans un petit bol et remuer. Réserver au frais.

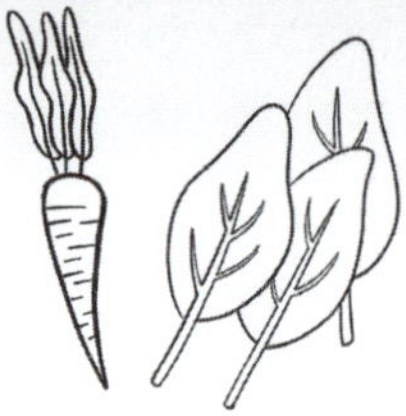

Nems aux épinards,
crevettes & carottes

17 nems | 30 min | 10 min

Les ingrédients

70 g de vermicelles de riz
500 g de crevettes crues
(soit 270 g de crevettes décortiquées)
80 g de carottes râpées
non épluchées bio
50 g d'épinards à grosses
feuilles (et tiges coupées)
1/2 oignon jaune haché
1 gousse d'ail pressée
1,5 c. à café de gingembre
épluché et râpé finement
1/4 de c. à café de piment
en poudre
1 œuf
17 feuilles de riz
(diamètre : 18 cm)
600 ml d'huile de tournesol
Sel et poivre

Faire tremper 30 minutes les vermicelles de riz dans un grand bol d'eau. Les égoutter et bien les sécher. Dans un robot, mixer finement les crevettes crues, les vermicelles, les carottes râpées, les épinards, l'oignon, l'ail, le gingembre, le piment et l'œuf battu. Saler et poivrer. Tremper les feuilles de riz dans de l'eau 5 secondes, puis les déposer sur un torchon et les laisser ramollir. Déposer une grande cuillerée à soupe de farce en haut de la feuille. Rabattre le haut de la feuille et les côtés, puis rouler le nem en serrant bien. Faire chauffer l'huile dans une casserole à fond épais jusqu'à 180°C et y plonger les nems 10 minutes. Laisser reposer sur un papier absorbant. Servir avec la sauce dip nems.

SAISON :

MATÉRIEL NÉCESSAIRE :

Dip nems

1 c. à café de nuoc-mâm
Le jus de 1 citron vert
1/4 de gousse d'ail pressée
1 c. à soupe de carottes râpées
1 c. à soupe de sucre
Quelques petites rondelles de piment frais

Dans un bol, mélanger tous les ingrédients et réserver au frais.

Tacos aux betteraves
& crevettes

10 tacos · 25 min

Tacos

2 betteraves crues rincées bio non traitées
5 c. à soupe de persil haché
3 c. à soupe de coriandre hachée
1/2 oignon jaune coupé en petits dés
3 c. à soupe de jus d'un citron pressé
1 c. à café d'huile d'olive
10 tacos de maïs (environ 15 cm)
Poivre

Pour décorer

Au moins 10 crevettes roses fraîches décortiquées
2 tomates coupées en petits dés
Des brins de coriandre
Des quartiers de citron vert
1 pincée de poivre

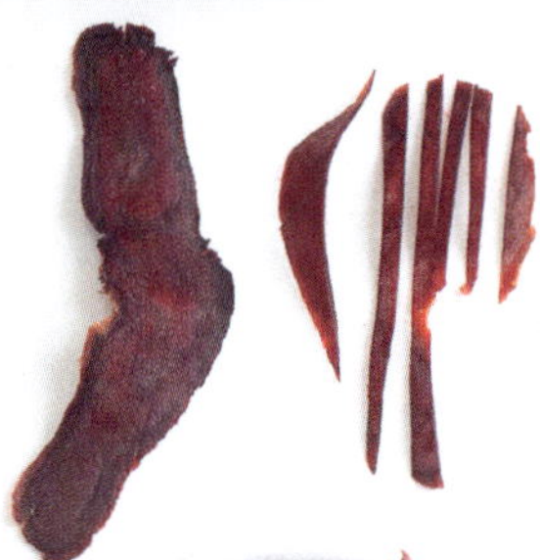

À l'aide d'une mandoline, couper de fines tranches de betterave crue puis les détailler en julienne. Les mettre dans un bol. Ajouter les herbes, l'oignon, le jus de citron vert, l'huile d'olive et une pincée de poivre. Réserver. Chauffer les tacos environ 1 minute sur chaque côté dans une poêle chaude ou quelques minutes au four à 180°C. Poser les tacos sur une assiette. Les garnir de la préparation de betteraves et ajouter les crevettes, les dés de tomate, des brins de coriandre, la sauce samouraï, les quartiers de citron vert et une pincée de poivre.

Sauce samouraï

2 c. à soupe de mayonnaise fraîche
3 c. à soupe de sauce sriracha (sauce piquante thaïlandaise)
Le jus de 1 citron vert

Dans un petit bol, mélanger tous les ingrédients et bien remuer. Réserver.

SAISON :

MATÉRIEL NÉCESSAIRE :

Samosas aux épinards

14 samosas | 20 min | 1 min | 5 min

Les ingrédients

1 c. à café de sauce sriracha (sauce piquante thaïlandaise)
Le jus de 1/2 citron vert
1/2 petit oignon émincé
1 gousse d'ail pressée
Huile d'olive
1/4 de c. à café de cannelle en poudre
1/2 c. à café de cumin en poudre
120 g d'épinards (tiges et feuilles)
25 g de feta émiettée
7-8 feuilles de brik coupées en deux
450 ml d'huile de tournesol
Sel et poivre

Dans un petit bol, mélanger la sauce sriracha et le jus de citron vert. Réserver.
Faire fondre l'oignon et l'ail à la poêle avec un filet d'huile d'olive. Une fois translucides, ajouter les épices et les épinards émincés.
Saler et poivrer. Faire sauter les épinards jusqu'à ce qu'ils soient fondants. Laisser refroidir 5 minutes.
Ajouter la feta émiettée et remuer délicatement.
Couper les feuilles de brik en deux. Déposer une belle cuillerée à soupe de farce au bord en bas, puis rabattre le haut vers le bas. Rabattre la pointe sur l'angle opposé pour créer un triangle. Répéter l'opération pour fermer. Insérer la dernière partie de brik dans une fente et poser le brik côté fermeture.
Faire chauffer l'huile de tournesol à 180°C dans une épaisse casserole et plonger 2 briks à la fois. Frire 1 minute sur chaque côté jusqu'à ce que les samosas soient dorés et croustillants. Poser sur un papier absorbant.
Servir chaud avec la sauce pimentée.

SAISON :

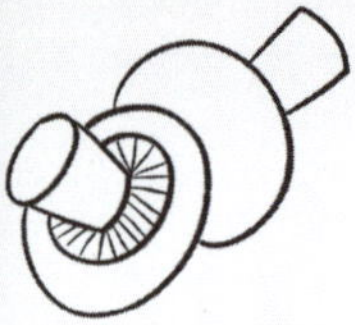

Champignons farcis
au fromage frais

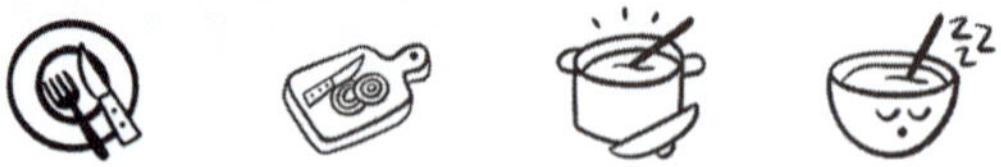

17 petits champignons | 15 min | 1-2 min | 5 min

Les ingrédients

17 petits champignons
de Paris rincés
1 c. à soupe de beurre doux
1/2 gousse d'ail pressée
1 c. à soupe de jus de citron
Quelques baies de poivre rose
écrasées
Des brins de cerfeuil frais
Sel et poivre

Ôter le pied des champignons (voir page 78 pour les utiliser) et couper les têtes en petits cubes.
Chauffer une poêle à feu moyen avec le beurre et l'ail.
Verser les têtes et les pieds de champignon. Saler et poivrer. Faire poêler 1 minute sur chaque côté.
Ajouter le jus de citron.
Sortir du feu et laisser tiédir.
Farcir les champignons avec le fromage frais.
Saupoudrer avec les baies de poivre rose et du cerfeuil ciselé.

Farce au fromage frais

80 g de fromage frais
(faisselle fermière)
3 c. à soupe de ciboulette
finement coupée
Sel et poivre

Mélanger tous les ingrédients.
Réserver au frais.

SAISON :

Cigarettes roulées
croustillantes

10 cigarettes | 15 min | 16 min | 10 min

Les ingrédients

210 g de fenouil entier
3 c. à soupe de fromage frais
1 c. à soupe d'aneth ciselé
1,5-2 c. à soupe de ciboulette ciselée
3 feuilles de brik
400 ml d'huile de tournesol pour la friture
Sel et poivre

Faire cuire 12-15 minutes au panier vapeur le fenouil découpé en morceaux jusqu'à ce qu'il soit bien tendre. Égoutter et laisser refroidir. Écraser avec une fourchette, ajouter le fromage frais, les herbes.
Saler et poivrer.
Couper les feuilles de brik en quatre puis verser environ 1 c. à soupe de farce au milieu, vers le bas.
Fermer les côtés et rouler les cigarettes vers le haut. Fermer à l'aide d'une petite pique en bois.
Verser l'huile dans une casserole à fond épais et chauffer jusqu'à 180°C environ. Y plonger les cigarettes roulées. À l'aide d'une écumoire, faire tourner les roulés puis les sortir après environ 40 secondes à 1 minute sur une assiette avec du papier absorbant.
Déguster immédiatement avec un petit bol de sauce aigre-douce.

Sauce aigre-douce

Le jus de 1 citron vert
1,5 c. à café de sauce piment sriracha
2 c. à café de miel d'acacia ou de sirop d'agave

Dans un petit bol, verser tous les ingrédients et mélanger.

SAISON :

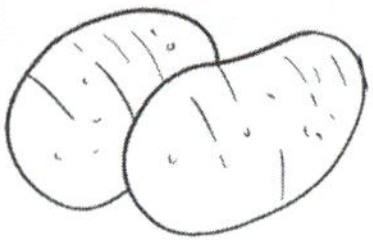

Petites pommes de terre
& sauce rémoulade

1 bol | 20 min | 35-40 min | 5-10 min

Pommes de terre

700 g de patate rattes
2 c. à soupe de concentré de tomate
1 c. à cafe de paprika fumé
½-1 c. à café de chipotle (piment séché)
2 c. à café d'origan séché
1 gousse d'ail non pelée
1-2 c. à soupe d'eau
Un filet d'huile d'olive
Sel et poivre

Préchauffer le four à 195 °C. Dans un gros bol, mélanger les pommes de terre, le concentré de tomate, les épices, la ciboulette, l'ail, l'oignon, l'eau et un filet d'huile d'olive. Saler, poivrer et remuer délicatement pour que les pommes de terre s'imprègnent uniformément de la marinade. Les déposer ensuite dans un plat allant au four et enfourner environ 35-40 minutes jusqu'à ce qu'elles aient une belle couleur dorée. Remuer de temps à autre. Laisser tiédir. Servir les pommes de terre avec des piques. Parsemer d'un peu de ciboulette et servir avec la sauce rémoulade.

Rémoulade

6 c. à soupe de mayonnaise
1/2 pomme râpé finement
2 c. à soupe de cornichons finement hachés
1 c. à soupe de ciboulette ciselée
1 c. à soupe de jus de citron
1 c. à soupe d'oignon émincé
1 c. à soupe de moutarde de Dijon
1/2 c. à café de curcuma ou de curry en poudre
1/2 c. à café de sucre
Sel et poivre

Mélanger les ingrédients de la rémoulade dans un bol jusqu'à obtenir un mélange homogène. Assaisonner à nouveau si besoin.

SAISON :

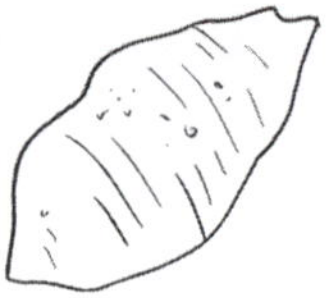

Patatas bravas

15 min 45 min

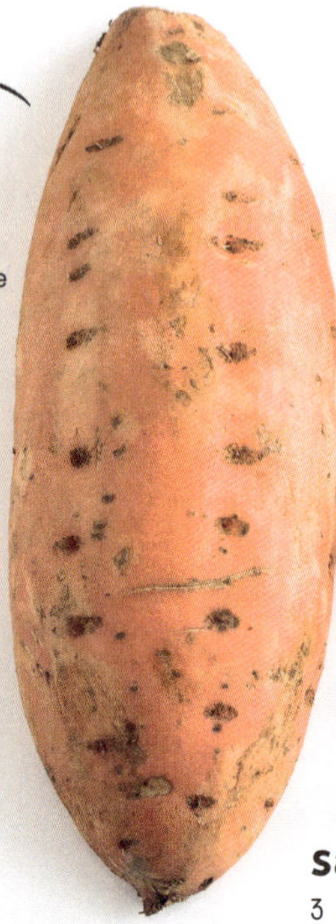

Les ingrédients

1 patate douce non épluchée
Huile d'olive
2 c. à soupe de ciboulette hachée
Sel et poivre

Couper la patate douce en cubes d'environ 2,5 x 2,5 cm. Les poser sur une plaque couverte de papier de cuisson et arroser avec un filet d'huile d'olive. Saler et poivrer. Mélanger pour bien enrober chaque morceau. Enfourner 40-45 minutes à 200°C jusqu'à ce que ce soit bien doré et croustillant. Laisser tiédir avant de verser les morceaux dans un bol. Arroser avec un peu de sauce tatare et parsemer de ciboulette.

Sauce tatare

3 c. à soupe de ciboulette émincée
4 c. à soupe de cerfeuil émincé
1 c. à soupe d'estragon émincé
1 œuf dur finement haché
2 c. à soupe d'échalote finement hachée
3 c. à soupe de cornichon russe finement haché
2 c. à soupe de jus de citron
7 c. à soupe de mayonnaise
2 c. à café de câpres finement coupées
Sel et poivre

Mélanger tous les ingrédients dans un bol jusqu'à ce que le mélange soit homogène.

SAISON :

Beignets de fleurs
de courgette

10 min | 1-2 min | 10 min

Les ingrédients

9 petites courgettes
avec leurs fleurs

Pâte à beignets

100 g de farine
10 g de levure chimique
1 grosse pincée de sel
200 ml d'eau très froide
500 ml d'huile de tournesol

Sauce dip

100 ml de yaourt grec
50 g de feta émiettée
1 gousse d'ail écrasée
3 c. à soupe de ciboulette
rincée finement ciselée
Sel et poivre

Dans un blender, mixer le yaourt, la feta, l'ail et une pincée de sel et de poivre jusqu'à obtenir un mélange homogène. Verser dans un petit bol. Ajouter la ciboulette et remuer. Séparer délicatement la fleur de la courgette. Rincer les courgettes (pas les fleurs) puis essuyer les courgettes avec un papier absorbant.

SAISON :

MATÉRIEL NÉCESSAIRE :

Préparer la pâte à beignets : dans un grand bol, verser la farine, la levure chimique et le sel. Mélanger avec un fouet puis verser petit à petit l'eau froide jusqu'à ce que la pâte soit légère et homogène. Laisser reposer 10 minutes. Verser l'huile dans une casserole à fond épais et chauffer jusqu'à 180°C.

Tremper la fleur de courgette dans la pâte en la tenant par le bout des feuilles et tapoter l'excédent de la pâte vers le bord avant de frire.
À l'aide d'une écumoire, faire tourner les beignets puis les sortir après 1 minute. Les poser sur une assiette avec du papier absorbant. Continuer jusqu'à ce qu'il n'y ait plus de fleurs ou de courgette.
Servir tout de suite avec la sauce dip.

Croque-monsieur
au pesto d'herbes

16 bouchées | 20 min | 12-14 min

Croque-monsieur

1 grosse courgette
Huile d'olive
8 tranches de pain de mie
12 tranches d'emmental
25 g de beurre doux mou
Sel et poivre

Pesto

40 g d'un mélange d'herbes (persil plat, aneth et coriandre)
10 c. à soupe de parmesan fraîchement râpé
10 noix de cajou grillées
1 petite gousse d'ail
150 ml d'huile d'olive
Sel et poivre

À l'aide d'un blender, mixer les herbes, le parmesan, les noix de cajou, l'ail, l'huile d'olive, le sel et le poivre jusqu'à ce que le mélange soit homogène. Réserver au frais.
Découper la courgette en longues lanières. Les poêler avec un filet d'huile d'olive sur un gril ou une poêle-gril en fonte. Saler et poivrer.
Étaler une fine couche de pesto sur deux tranches de pain. Poser 2 ou 3 lanières de courgette et une tranche de fromage (qui couvre entièrement la tranche de pain). Fermer avec l'autre tranche de pain.
Tartiner le dessus du croque-monsieur avec un peu de beurre. Ajouter un peu d'emmental coupé en morceaux.
Enfourner 12 à 14 minutes à 180°C. Passer en mode gril sur les dernières minutes pour donner au fromage une couleur dorée. Couper chaque croque-monsieur en 4 morceaux et les déposer sur un grand plat.

SAISON :

MATÉRIEL NÉCESSAIRE :

Bruschettas
tomate-kale

15 pièces 20 min

Bruschettas

1 feuille de kale
2 tomates
Huile d'olive
15 tranches de pain bruschetta
1/2 gousse d'ail
Sel et poivre

Bien rincer la feuille de kale et la frotter pour enlever l'amertume. La déchirer en morceaux et les déposer dans un grand bol. Ajouter les tomates coupées en petits cubes et un filet d'huile d'olive. Saler et poivrer. Mélanger délicatement.
Toaster puis frotter les bruschettas avec l'ail. Les couvrir avec le mélange tomate-kale. Verser une cuillerée à soupe de sauce green goddess.

Sauce green goddess aux herbes aromatiques

12 g de kale (tiges et feuilles en morceaux)
15 g d'herbes aromatiques (persil, menthe)
10 brins de coriandre (tiges et feuilles)
1 jus de citron vert (environ 40 ml)
1 c. à café de zeste de citron vert
2 c. à soupe d'huile d'olive
1 petite gousse d'ail pressée
3 c. à soupe de yaourt brassé
1 c. à café de sirop d'agave ou de miel d'acacia
1-1,5 c. à soupe de mayonnaise
Sel et poivre

Verser tous les ingrédients dans un blender et mixer jusqu'à obtenir un mélange homogène.

SAISON :

MATÉRIEL NÉCESSAIRE :

Boulettes de courgette
à la grecque

28 boulettes | 10 min | 1 min | 30 min

Les ingrédients

1,5 courgette
1,5 c. à café
+ 1 pincée de sel
2 œufs battus
30 g de feta émiettée
7 g de menthe
1 pincée de zeste
de citron bio non traité
2 cébettes ciselées
1/4 de c. à café de
poivre
100 g de farine
1 c. à café de levure
chimique
200-250 ml d'huile
d'olive vierge
(pour la friture)

Rincer et râper la courgette, et déposer dans une passoire avec 1,5 c. à café de sel. Laisser reposer 30 minutes. Presser avec les mains les courgettes râpées pour enlever le plus d'eau possible. Dans un grand bol, mélanger délicatement les œufs, la feta, la menthe, la courgette râpée, le zeste de citron, les cébettes, une pincée de sel, du poivre. Ajouter la farine et la levure chimique. Remuer en 2 tours. Verser l'huile d'olive dans une casserole à fond épais et chauffer à 170-180°C. Former de petites boules à l'aide d'une cuillère à soupe et pousser avec une autre la pâte dans l'huile. Faire cuire 1 minute. Les servir avec un bol de tzatziki et des quarts de citron.

Beignets
de champignons

1 bol | 15 min | 1 min

Les ingrédients

270 g de champignons de Paris coupés en lamelles
3 c. à soupe de ciboulette ciselée
1 assiette creuse remplie de panko (chapelure japonaise)

Pâte à beignets

100 g de farine
10 g de levure chimique
1 grosse pincée de sel
1 c. à café de vinaigre balsamique
1/4 de c. à café de poudre de piment d'Espelette
120 ml d'eau très froide
400 ml d'huile de tournesol (pour la friture)

Préparer la pâte à beignets. Dans un grand bol, verser la farine, la levure chimique, le sel, le piment et remuer avec un fouet. Verser petit à petit l'eau froide jusqu'à ce que la pâte soit épaisse et homogène, puis le vinaigre balsamique. Laisser reposer 10 minutes.
Enrober légèrement les tranches de champignons dans la ciboulette avant de les tremper dans la pâte puis dans le panko.
Verser l'huile dans une casserole à fond épais et chauffer jusqu'à environ 180°C. Plonger les champignons dans la friture. À l'aide d'une écumoire, faire tourner les beignets pendant 1 minute puis les déposer sur du papier absorbant. Continuer jusqu'à ce qu'il n'y ait plus de tranches.
À déguster immédiatement avec un petit bol de sauce dip.

SAISON :

Sauce dip

3 c. à soupe de sauce soja
1 c. à café de vinaigre de riz
1 c. à café d'huile de sésame

Dans un bol, mélanger tous les ingrédients jusqu'à obtenir un mélange homogène.

Minipizzas truite fumée
& beurre aromatique aux tiges

20 pièces · 15 min · 10 min

Minipizzas

1 pâte à pizza
200 g de truite fumée
15 g de pistaches vertes
1 brin d'aneth

À l'aide d'un emporte-pièce, détailler la pâte à pizza en petits cercles. Piquer la pâte et la cuire à blanc 10 à 12 minutes.
À la sortie du four, aplatir avec une spatule et les mettre au four de nouveau 4 minutes. Laisser tiédir avant de tartiner une petite couche de beurre aromatique. Déposer une tranche de truite fumée. Parsemer de pistaches grossièrement hachées et d'un peu d'aneth.

Beurre aromatique aux tiges

1 poignée de roquette
2-3 tiges d'aneth
50 g de beurre doux mou
Sel et poivre

Dans un blender, mixer la roquette, l'aneth et le beurre jusqu'à obtenir un mélange homogène. Saler et poivrer. Réserver au réfrigérateur 15 minutes.

MATÉRIEL NÉCESSAIRE :

Confits
d'agrumes

10 min | 1 h 20 | 1 h

Les ingrédients

1/2 pamplemousse bio
1 citron bio
1 orango bio
55 ml d'eau
95 g de sucre

Pour prélever la peau d'un agrume, la découper aussi finement que possible sans avoir trop de la membrane blanche, qui contient l'amertume. Couper la peau en tranches et les déposer dans une grande casserole d'eau froide. Porter à ébullition et laisser bouillir 10 minutes. Jeter l'eau, puis recommencer l'opération trois fois. Cette opération va enlever une partie de l'amertume.
Dans une grande casserole, verser l'eau et le sucre à feu moyen et dissoudre le sucre en remuant. Verser les peaux d'agrumes et laisser mijoter à feu doux 20 à 25 minutes jusqu'à ce que les zestes soient translucides et mous.
Les laisser refroidir dans la casserole.
Égoutter. Enlever l'excédent de sirop de sucre à l'aide d'un torchon propre. Couper les peaux en fins bâtonnets avec un couteau aiguisé puis les enrober de sucre.
Laisser sécher sur une grande plaque pendant 1 heure. Les confits se conservent dans une boîte hermétique pendant 3 semaines.
Conseil : les zestes d'agrumes confits peuvent être utilisés en tant qu'infusion.
Il suffit de verser l'eau bouillonnante dans un mug puis d'ajouter quelques confits d'agrumes et de laisser infuser avec un filet de miel.

SAISON :

Plateau libanais

15 min 30 min

Taboulé

65 g de semoule
2 tomates
1/2 botte de persil plat
1/2 botte de menthe fraîche
10 brins de coriandre
1/4 d'oignon jaune
haché finement
2 c. à soupe de jus de citron
2 c. à soupe de jus d'une
orange pressée
Huile d'olive
Sel et poivre

Faire cuire la semoule dans une casserole en suivant les consignes du paquet. Laisser refroidir. Couper les tomates en petits dés. Ciseler le persil, la menthe et la coriandre (les feuilles et quelques tiges). Mélanger avec la semoule, l'oignon émincé, les jus d'orange et de citron et un filet d'huile d'olive. Saler et poivrer.

5 min

SAISON :

MATÉRIEL NÉCESSAIRE :

Sauce blanche

60 ml de tahin blond
(pâte de sésame)
4,5 c. à soupe d'eau tiède
2-3 c. à soupe de jus de citron
1 pincée de sel

Dans un bol, verser le tahin, puis incorporer petit à petit l'eau. Ajouter le jus de citron et une pincée de sel. Mélanger doucement.

Plateau
libanais

35 min | 4 min | 1 h

Falafels

250 g de pois chiches crus
40 g de persil plat
6 c. à soupe de coriandre hachée
1 pincée de piment en poudre
1/2 c. à café de cumin en poudre
1/2 c. à café de coriandre en poudre
1/4 d'oignon jaune émincé
1/2 gousse d'ail écrasée
1/2 c. à café de sel
2 c. à soupe de farine de riz ou de blé
1 c. à café de levure chimique
1 pincée de piment
400 ml d'huile de tournesol (pour la friture)

La veille, faire tremper les pois chiches dans un grand bol rempli d'eau. Le lendemain, bien sécher les pois chiches avant de les mettre dans un robot mixeur avec les herbes ciselées, les épices, l'oignon, l'ail écrasé, le piment, le sel, la farine et la levure. Mixer et laisser reposer pendant 1 heure au réfrigérateur.
Façonner des petites boules d'environ 25 g et bien les presser dans les paumes de main pour qu'elles ne se déchirent pas.
Dans une casserole à fond épais, chauffer l'huile de tournesol à 180 °C et y plonger les falafels 4 minutes.
Les égoutter sur du papier absorbant avant de les transférer dans un bol.
Servir chaud avec la sauce blanche tahin.

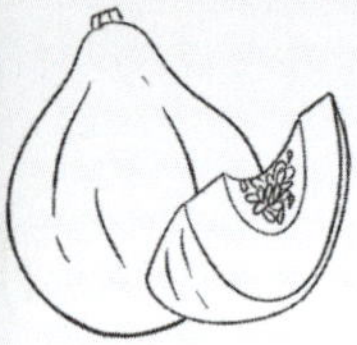

Plateau mexicain

1 grand bol | 30 min | 2-4 min | 1 h

Nachos de courge

400 g de courge bio non traitée
Huile d'olive
300 g de farine de maïs
100 g de farine de blé
2,5 c. à café de sel
250 ml d'eau
400 ml d'huile de tournesol (pour la friture)
Sel et poivre

Rincer la courge, enlever les graines et la couper en tranches. Placer les tranches sur une plaque allant au four couverte de papier de cuisson. Ajouter un filet d'huile d'olive. Saler, poivrer et enfourner 35 minutes à 190°C. Laisser tiédir et réduire en purée. Dans un robot, verser les deux farines, du sel, la purée de courge. Mixer. Ajouter l'eau en filet et mixer en même temps jusqu'à obtenir une pâte homogène. Former une boule et laisser au réfrigérateur 1 heure. Sur un plan de travail fariné, étaler des petites tortillas rondes d'environ 15 cm. Dans une poêle chaude, cuire les tortillas 1 minute de chaque côté. Les couper en 8 triangles puis les plonger dans de l'huile chaude (environ 180°C) pendant quelques minutes. Les nachos ne doivent pas dorer. Déposer les nachos sur un papier absorbant. Parsemer d'un peu de sel avant de les servir dans un bol.

SAISON :

MATÉRIEL NÉCESSAIRE :

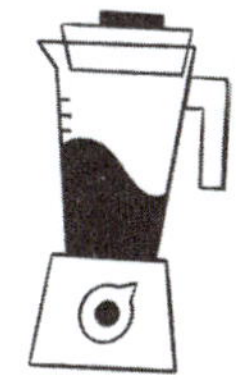

1 grand bol | 30 min | 2-4 min | 1 h

Nachos aux épinards

300 g de farine de maïs
100 g de farine de blé
2,5 c. à café de sel
120 g d'épinards
250 ml d'eau
400 ml d'huile de tournesol (pour la friture)
Sel et poivre

Dans un robot, mixer les deux farines, le sel et les épinards. Ajouter en filet l'eau et mixer jusqu'à obtenir une pâte homogène. Former une boule et laisser reposer 1 heure au réfrigérateur.
Sur un plan de travail fariné, étaler des petites tortillas rondes d'environ 15 cm. Dans une poêle chaude, cuire les tortillas 1 minute de chaque côté.
Les couper en 8 triangles puis les plonger dans de l'huile chaude (environ 180°C) pendant quelques minutes. Les nachos ne doivent pas dorer.
Déposer les nachos sur un papier absorbant. Parsemer d'un peu de sel avant de les servir dans un bol.

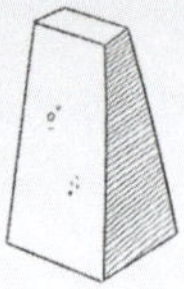

Plateau mexicain

1 petit bol · 15 min

1 petit bol · 10 min · 15 min

Pico de gallo (salsa tomate)

1/2 oignon jaune
3 tomates
Le jus de 1 citron vert
6 c. à soupe de persil ciselé
6 c. à soupe de coriandre ciselée
Quelques gouttes de Tabasco
Sel et poivre

Émincer l'oignon et détailler les tomates en petits dés. Mélanger le tout avec le jus de citron vert, le persil, la coriandre et le Tabasco dans un bol. Saler et poivrer.

Sauce queso (fromage cheddar)

15 g de beurre
1 gousse d'ail écrasée
1 échalote émincée
1/4 de c. à café de piment fumé en poudre
2-3 rondelles de jalapeño
70 g de fromage frais
180 ml de lait entier
1/2 c. à café de sel
180 g de cheddar rouge râpé

Dans une casserole, à feu moyen, faire fondre le beurre. Ajouter l'ail, l'échalote, le sel, le piment et les rondelles de jalapeño jusqu'à ce que l'ail et l'oignon deviennent translucides. Baisser le feu, ajouter le fromage frais et le lait puis remuer quelques minutes, jusqu'à ce que le mélange devienne lisse.
Ajouter le cheddar petit à petit en remuant jusqu'à ce qu'il ait fondu avant d'en rajouter. Verser dans un bol chaud et servir avec des nachos et des tranches de citron vert.

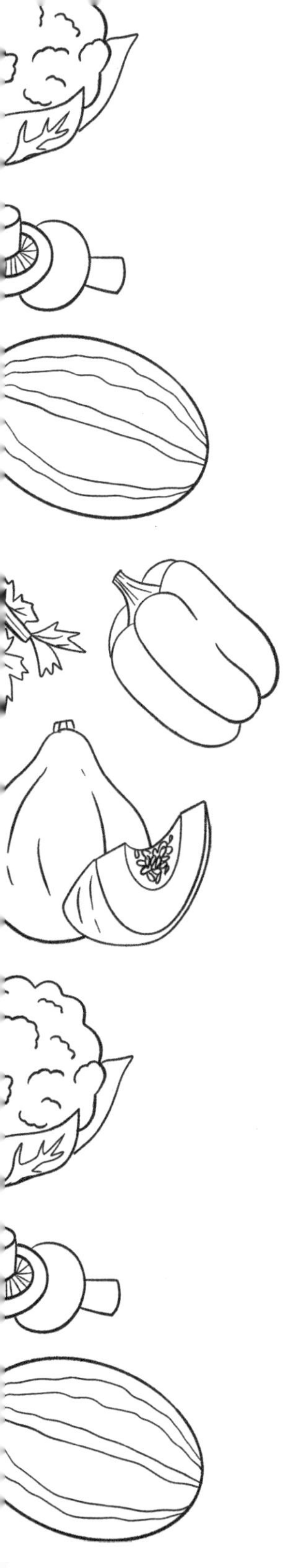

les sauces & les boissons

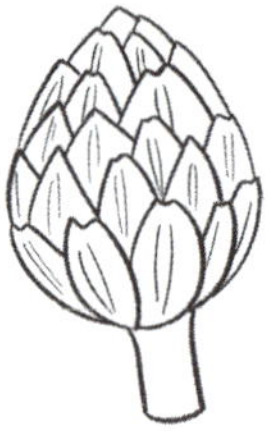

Houmous
aux artichauts

20 min   30-35 min

Les ingrédients

250 g de cœurs d'artichaut cuits
80 g de pois chiches cuits
150 g de tahin (pâte de sésame)
3 c. à soupe de jus de citron
2 c. à soupe de persil plat haché
1 filet d'huile d'olive ou de sésame
Sel et poivre

Dans un robot, mixer les cœurs d'artichaut, les pois chiches, le tahin et le jus de citron. Saler et poivrer. Si le houmous est trop dense, ajouter un peu d'eau. Rectifier l'assaisonnement si nécessaire. Verser le mélange dans un bol. Parsemer de persil haché et ajouter un filet d'huile.

Servir le houmous avec des crackers, des gressins ou des légumes crus frais.

SAISONS :

MATÉRIEL NÉCESSAIRE :

Houmous
à la betterave

1 grand bol 10 min

Les ingrédients

1 betterave cuite (250 g)
60 g de pois chiches cuits
130 g de tahin (pâte de sésame)
2 c. à soupe de jus de citron
1/2 gousse d'ail
1 c. à soupe de zaatar (mélange d'herbes du Moyen-Orient)
2 c. à soupe de persil plat haché
Huile d'olive ou de sésame
Sel et poivre

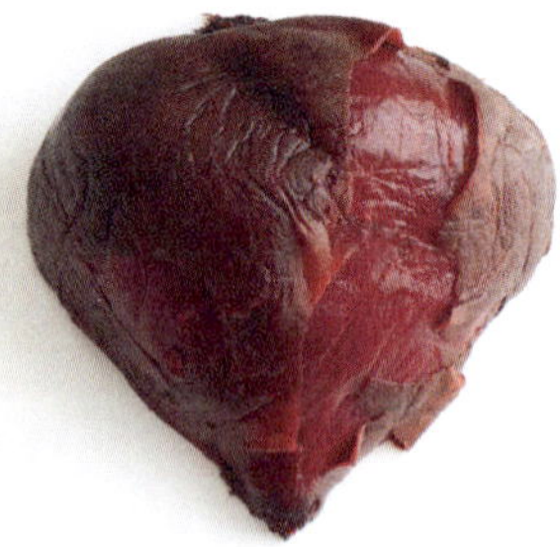

Dans un robot, mixer la betterave, les pois chiches, le tahin, le jus de citron, l'ail, le zaatar avec du sel et du poivre jusqu'à obtenir un houmous onctueux. Verser le mélange dans un bol. Parsemer de persil haché et ajouter un filet d'huile.

Servir le houmous avec des crackers, des gressins ou des légumes crus frais.

SAISON :

MATÉRIEL NÉCESSAIRE :

Pesto de fanes
de carottes

1 bol · 10 min

Les ingrédients

15 g de fanes de carottes bio non traitées
1/2 gousse d'ail pressée
80 ml de lait de coco
25 ml de jus de citron vert
1 pincée de piment oiseau
2 g de gingembre râpé
1 c. à soupe de graines de sésame
Sel et poivre

Rincer les fanes de carottes. Séparer les fanes des tiges (mettre les tiges au composteur).
À l'aide d'un blender, mixer l'ensemble des ingrédients jusqu'à obtenir un mélange homogène. Assaisonner si besoin.
Disposer le pesto dans un bol et servir avec des crudités.

SAISON :

MATÉRIEL NÉCESSAIRE :

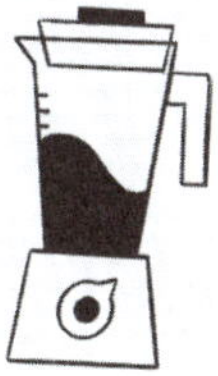

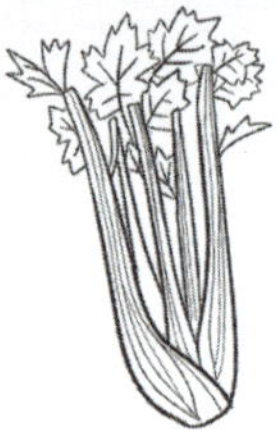

Tapenade
de céleri

1 bol 10 min

Les ingrédients

130 g de tiges de céleri et des fines pousses jaunes et vertes à l'intérieur de la botte
160 g d'olives vertes dénoyautées
35 g d'amandes en poudre
2 c. à café de jus de citron
1 filet d'huile d'olive
Sel et poivre

La tapenade se conserve 2 à 3 jours au réfrigérateur.

Couper les tiges de céleri en morceaux. Les mixer dans un robot avec les olives, les amandes en poudre, le jus de citron et une pincée de sel et de poivre, jusqu'à obtenir un mélange homogène. Verser la tapenade dans un bol ou un bocal hermétique. Ajouter un petit filet d'huile d'olive.

SAISON :

MATÉRIEL NÉCESSAIRE :

Tzatziki

1 bol | 12 min | 20-25 min | 3 h

Les ingrédients

5-6 gousses d'ail
4 yaourts grecs
3/4 d'un concombre rincé bio non traité
1 c. à soupe d'huile d'olive
1 c. à soupe de jus de citron
4 c. à soupe de menthe ciselée
Sel et poivre

Dans un plat allant au four revêtu de papier de cuisson, déposer des gousses d'ail en chemise. Enfourner 20 à 25 minutes à 190 °C. Laisser refroidir, puis enlever leur enveloppe. Verser les yaourts grecs dans une passoire avec une étamine et laisser égoutter 2 à 3 heures au réfrigérateur. Râper le concombre et presser avec les mains pour enlever le jus. Dans un bol, mélanger le yaourt grec, l'ail fondant, l'huile d'olive, le jus de citron et la menthe. Ajouter le concombre râpé. Mélanger et assaisonner. Disposer dans un bol et déguster avec du pain libanais.

SAISON :

MATÉRIEL NÉCESSAIRE :

Sauces
& dips

Dip thaïlandais à l'ananas

Le jus de 1 citron vert
150 g d'ananas coupé en morceaux
1 c. à café de nuoc-mâm
1/2 gousse d'ail pressée
1 pincée de piment en poudre
1 c. à café de sucre ou de sirop d'agave
2 tiges avec feuilles
de coriandre (facultative)
Sel et poivre

Verser tous les ingrédients dans un blender et mixer jusqu'à obtenir un mélange homogène.

Sauce hawaïenne au soja

100 ml de sauce soja
50 ml d'huile de sésame
1 c. à café de vinaigre de riz
1/2 c. à café de gingembre
râpé bio non traité

Verser tous les ingrédients dans un blender et mixer jusqu'à obtenir un mélange homogène.

Sauces
& dips

Green Goddess

12 g de chou kale en morceaux
15 g d'herbes aromatiques (persil, menthe)
Le jus de 1 jus de citron vert (40 ml)
Les zestes d'1 citron vert
2 c. à soupe d'huile d'olive
1 petite gousse d'ail pressée
3 c. à soupe de yaourt brassé
10 brins de coriandre
1 c. à soupe de mayonnaise
Sel et poivre

Verser tous les ingrédients dans un blender et mixer jusqu'à obtenir un mélange homogène.

Chimichurri argentin

4 c. à soupe de persil plat émincé
4 c. à soupe de coriandre émincée
1/2 gousse d'ail pressée
1,5 c. à soupe d'huile d'olive
1 c. à café de chipotle séché (piment)
1 c. à soupe de miel d'acacia ou de sirop d'agave
2 c. à soupe de citron vert
1 c. à soupe d'origan séché
1 c. à soupe de vinaigre de Xérès
1,5 c. à soupe de jus d'orange frais
Sel et poivre

Verser tous les ingrédients dans un blender et mixer jusqu'à obtenir un mélange homogène.

Sauces
& dips

Mayonnaise aux herbes aromatiques

6 c. à soupe de mayonnaise
1 c. à soupe de cerfeuil ciselé
2 c. à soupe de ciboulette ciselée
2 c. à soupe d'aneth ciselé
1 c. à café d'échalote hachée
1/2 petite gousse d'ail pressée
Sel et poivre

Dans un bol, verser la mayonnaise, les herbes, l'échalote, l'ail pressé puis bien mélanger. Assaisonner.
Se conserve au maximum 2 jours au réfrigérateur.

Sauce satay

1/2 c. à café de pâte de curry rouge thaï
1 gousse d'ail pressée
1 c. à soupe de sauce soja
6 c. à soupe de beurre de cacahuètes
1 c. à café de piment en poudre
1 c. à soupe de sucre
30-40 ml d'eau
1/2 c. à café de gingembre râpé finement
150 ml de lait de coco

Dans une casserole, verser tous les ingrédients et faire mijoter environ 3-5 minutes.
Servir tiède ou à température ambiante. Se conserve au maximum 2 jours au réfrigérateur.

Sauces
& dips

Sauce tahin libanais

60 ml de pâte tahin (sésame blond)
2 c. à soupe de jus de citron
4,5 c. à soupe d'eau chaude
Sel

Verser la pâte de tahin dans un bol et le jus de citron, remuer tout doucement.
Ajouter l'eau chaude en mélangeant doucement afin d'éviter l'émulsion.
Assaisonner.

Mayonnaise sriracha

125 g de mayonnaise
2,5 c. à soupe de sriracha
1 c. à café de jus de citron vert
1 pincée de sel et de poivre

Verser tous les ingrédients dans un bol et mélanger jusqu'à obtenir un mélange homogène.

Prosecco
& sirop d'agrumes

1 l   10 min   15-18 min   15 min

Les ingrédients

1 citron bio non traité
1 orange bio non traitée
1/2 pamplemousse bio
200 g de sucre
200 ml d'eau
Glaçons
75 cl de prosecco

À l'aide d'un couteau, zester les agrumes finement. Jeter la peau blanche, car elle est trop amère. Couper les chairs en rondelles. Dans une casserole, mettre les zestes d'agrumes, le sucre et l'eau. Faire chauffer à feu moyen et laisser mijoter 15 à 18 minutes en remuant. Laisser reposer au frais. Dans une carafe, verser le sirop d'agrumes, les zestes, les rondelles d'agrumes et compléter avec le prosecco et des glaçons.

SAISON :

Thé glacé
aux épluchures

1,5 l | 10 min | 6 h
1 nuit

Les ingrédients

2 c. à soupe de thé vert doux (du sencha, par exemple)
1,5 l d'eau
80 g de fraises
5 g d'épluchures de betteraves crues bio non traitées
15 g d'épluchures de pommes bio non traitées
20 g d'épluchures de carottes bio non traitées
1,5 pomme
Glaçons

Dans un grand saladier, faire infuser le thé vert dans l'eau pendant une nuit au réfrigérateur. Filtrer.
Dans un blender, verser le thé infusé avec les fraises et les épluchures. Bien mixer, puis filtrer de nouveau.
Transvaser la boisson dans une carafe. Ajouter la moitié d'une pomme découpée en rondelles et des glaçons.

SAISON :

MATÉRIEL NÉCESSAIRE :

Ginger
limonade

1,5 l — 5 min — 12-15 min — 15 min

Les ingrédients

300 ml d'eau
150 g de gingembre bio coupé en lamelles avec la peau
180 g de sucre
12 brins de menthe fraîche
1,2 l de limonade
Glaçons

Dans une casserole, faire chauffer l'eau avec le gingembre et le sucre à feu moyen. Laisser mijoter 12 à 15 minutes en remuant. Réserver au frais.
Dans 6 verres, verser un fond du sirop de gingembre et mettre 12 brins de menthe dans chaque carafe. Diluer avec la limonade. Ajouter des glaçons et servir.

SAISON :

Sangria aux agrumes
& aux fraises

75 cl | 20 min | 1 jour

Les ingrédients

1,5 citron bio non traité
1,5 orange bio non traitée
40 cl de vin rouge
2 c. à soupe de marsala
80 g de sucre de canne
1/4 de c. à café de cannelle en poudre
3 étoiles de badiane (anis étoilé)
150 ml d'eau gazeuse (ou limonade)
8 fraises équeutées et coupées en quartiers
Des glaçons

À l'aide d'un couteau, couper de minces zestes d'agrume. Ôter la partie blanche des agrumes et la mettre au compost (trop d'amertume). Couper les agrumes en rondelles. Dans un grand bol, verser le vin rouge, le marsala, le sucre, les zestes et les rondelles d'agrume, la cannelle et les étoiles de badiane. Mettre au frais au moins 1 jour pour permettre une bonne macération.
Au moment de servir, verser la préparation dans un grand saladier avec de l'eau gazeuse, les fraises en quartiers et des glaçons.

SAISON :

Table des recettes

Les chips et feuilletés

Les biscuits et croquants

Les bouchées

Les sauces et boissons